재무철학자가 보여주는 삶의 지혜
조금씩 가는 삶 멀리 가는 삶

남경우 지음

學而思 학이사

■ 추천사

삶의 기저선基底線을 긋는 일

김형균
부산테크노파크 원장/ 사회학 박사

　적당한 높이의 수수깡 담장을 바자울이라고 한다. 경계를 적당히 는 유지하되 살가운 정이 묻어나는 집의 표상이 바로 이 바자울이다. 드림 남경우 님을 볼 때마다 어릴 때 보았던 이 바자울이 생각난다.
　베이비붐 세대의 인생 2막의 문제는 이제 그들만의 문제가 아니라 사회적 문제이기도 하다. 여기서 사회적 문제라 함은 우리 사회가 감당할 여력을 넘어섰다는 의미도 있다. 결국 개인의 수용과 대처가 관건이다.
　어느 여배우의 얘기대로 늙지 않는 약은 교양이라고 했다. 그러나 이 세대들은 재물만으로 고령화의 파고를 넘기에는 시대가 너무 강퍅했고, 교양으로 버티기에는 시절이 너무 사나웠다. 그렇다 보니 헐떡거리는 세상의 분노와 증오를 가라앉히고, 차분하고 담담한 자기 삶의 리듬을 유지하는 것 자체가 상당한 절제와 침잠이 필요했다.

밋밋함은 꿈틀거리는 욕망을 다스릴 줄 알아야 가능하다. 잘 산다는 것은 현실적 욕망을 넘어 그 어떤 자기가치를 실현할 줄 알아야 일궈진다. 온갖 풍상의 세월을 거쳐왔으나 아무 일도 없었던 것 같은 평온함을 유지하는 일, 내가 추구하는 그 무엇을 쉼없이 밟아가는 꾸준함은 사람의 격을 이룬다.

새벽을 좋아하고, 움직이기를 즐기고, 내 일은 내가 챙기고, 긴 삶을 예비하고, 꾸준히 일하는 태도는 루틴을 넘어 품성을 만든다. 이십여 년 간 새벽에 꾸준히 스스로를 성찰한 기록은 그 자체로 의미가 크다. 게다가 조변석개한 돈과 재무에 관한 욕구를 피하지 않고 생활철학적으로 성찰하면서 담백한 생각을 적는 것임에랴. 이는 활활 타오르는 불을 다루되 적당한 온도를 유지하는 일만큼 어려운 일이다.

격변의 시대가 개인의 삶에 상감象嵌되는 방식은 다양하다. 삶의 무늬를 울퉁불퉁하게 팽개칠 것인가, 매끈하게 만들 것인가는 진부하지만 끈질긴 우리들 일상의 힘이자 미라클이다.

잘나가던 은행원을 관두고 보험, 컨설팅, 강사 등 스스로 선택한 재무철학자의 삶을 통해 새로운 일상의 무늬를 담담하게 아로새긴

역정의 삶은 그 자체로 존경받아 마땅하다. 20세기의 윌리가 '세일즈맨의 죽음'으로 마감했다면, 21세기의 드림 남경우 님이 '세일즈맨의 부활'로 살아나는 듯하다.

책에 써진 여정은 펄럭거리는 깃발보다는 듬직한 당간幢竿을 택하였고, 눈밭을 헤치고 나가는 러셀보다는 다독거리며 가는 후미대를 선택하였다. 그 우직함과 반듯한 일상은 이 시대 평범한 우리들 삶의 기저선基底線을 긋는 것과 같다. 잘 그은 선의 바탕이 있었기에 인생의 빛나는 순간도 들뜨지 않을 수 있었을 것이다. 그 기준이 있었기에 비루한 장면도 피하지 않고 이를 악물 수 있었을 것이다. 오래된 장에 덧장을 섞어서 새로운 장맛을 내듯이 그 일상의 지혜는 환호와 한숨의 교반攪拌 속에서 만들어짐을 알고 있기에.

힘써 내리치는 장작질도 받침이 부실하면 삐끗할 수밖에 없다. 그러나 우리들은 남경우 님 일상의 지혜와 끈기 속에서 어떤 둔중한 세상사의 휘두름도 받아낼 수 있는 든든한 장작받침대 같은 모탕을 발견하게 된다. 그렇다. 우리들의 삶이라는게 별것이기도 하고, 별것 아니기도 하다. 그것은 우리 일상을 받치고 있는 기저선을 소중히 여기며 내 것 아님에 집착하지 않을 때 역설적으로 내 것은 별것이 된다. 그러나 받침이 되는 일상의 모탕이 부실할 때 별것 아니게 된다.

 우리는 이 책을 통해 별것 아닌 우리들의 삶이 어떻게 별것이 되며, 진부한 일상이 어떻게 빛날 수 있는가를 확인하게 될 것이다.

2025. 6.

■ 머리말

인생은 부모 밑에서 돌봄을 받고 자라는 시기와 취직하고 독립해서 가정을 일구는 시기, 은퇴 이후의 시기로 크게 삼등분할 수 있다. 부모 밑에 있을 시기에는 너무나 평범해서 아련한 추억 이외에는 기록할 것이 없다.

대학을 졸업하고 취직을 해서 아이들이 독립할 때까지는 누구나 그랬던 것처럼 앞만 보고 열심히 살았다. 다만 동년배들이 은퇴하고 노년을 즐기는 지금 순간에 나는 '은퇴는 없다'는 준칙을 고집하며 살고 있다.

장사꾼이라, 컨설턴트라 이름 짓기도 했지만 스스로 재무철학자라 정하고 불렀다. 참 어이가 없지만 세월 따라 조금씩 변했다. 단순한 장사에서 비즈니스로, 그리고 숫자 너머 생각을 하게 되었다. 지금은 일과 삶이 일치하는 직업을 꿈꾸며 '은퇴는 없다'는 준칙을 지키려 애쓴다. 하나를 배우면 두 개를 잊어버리는 나이다. 그럼에도 생명의 불꽃이 지속되는 한 은퇴는 없다.

이 책은 40세부터 65세에 이르기까지 자주 생각하고 되새기는 이야기를 엮었다. 나만의 착각일지도 모른다. 처음 만난 사람이나 강연할 기회가 있을 때, 나를 소개한답시고 지나온 이야기를 했을 때, 예상과는 다르게 듣는 사람의 태도가 진지하고 경청하는 듯했다. 이야기가 길어져도 그 표정이 변하지 않는 것을 보았다. 내가 이야기를 끊어야 할 정도였다.

　말이 길어지면 말하는 사람이나 듣는 사람 모두 피로해진다. 말하고 듣는 기회도 그리 흔하지 않다. 그래서 책으로 써서 나누는 방법을 생각하게 되었다. 솔직히 남을 의식하고 쓰기보다는 지나온 삶을 기록으로 되새겨 보는 작업이다. 혹시 읽는 이가 있다면 삶을 반추하는 데 도움이 되면 좋겠다.

　보험 영업의 최대 난제는 지속적인 고객 관리이다. 보험금을 청구할 일이 없으면 거의 연락할 기회가 없다. 이 책이 고객들이 자신의 계약을 담당하고 있는 컨설턴트의 일상을 엿보는 기회가 될 수 있기를 바란다.

2025년 여름을 맞으며
남 경 우

프롤로그

이대로 가면 어떻게 되는가?

2000년을 바로 앞둔 시점이었다. 불혹을 바라보는 나이에 은행 대출계에서 책임자로 근무했다. 유별나게 직장에 열심인 나에게 느닷없이 찾아온 삶에 대한 자각이 있었다. "이대로 가면 어떻게 되는가?" 하고 스스로 묻게 된 것이다. 질문 하나가 인생을 전혀 다른 길로 걷게 할 줄은 꿈에도 몰랐다. 지금에 와서 돌아보면 도저히 감당하기 힘들 것 같은 용기를 나에게 선물했다.

"이대로 가면 어떻게 되는가?" 이 질문에 꽂히자 여러 질문이 생겨났다. 이렇게 열심히 살면 돈 걱정 없이 살 수 있을까? 후회 없는 삶을 살 수 있을까? 이 질문들에 대한 대답을 어디서 구할 수 있을까?

그렇게 며칠이 지나는 동안 나는 행동으로 이어질 수 있는 결론을 하나 내렸다. 앞서 살다 간 사람들 중에서 내가 보기에 참 괜찮은 삶이구나 하는 사람들의 이야기를 읽는 것이다. 그러면 "책 속에 길이 있다"는 말처럼 길을 찾을 수 있지 않을까!

그렇게 해서 결정한 실천 과제가 '성공한 사람의 책 100권 단기간에 읽기' 였다. 이 100명이 "이대로 가면 어떻게 되는가?"를 묻고 있는 나에게 대답이나 힌트를 줄 수 있을 것 같았다.

성공한 사람의 책 100권 단기간에 읽기

무슨 책을 읽어야 할지 몰라 무작정 서면 영광도서에 갔다. 성공에 관한 책은 4층에 진열되어 있었다. 성공과 부자라는 글자가 들어간 제목의 책 스무 권을 구입했다. 나머지 책은 이 스무 권의 책을 읽는 과정에서 언급되거나 알게 되는 책들을 구입해서 읽을 참이었다.

서점을 나오는데 이유 없이 가슴이 쿵쾅거렸다. 평소 책을 많이 읽지도 않는 내가 무더기로 책을 사서 낑낑대는 모습이 낯설었다. 책을 쌓아 놓고 읽으려니 저녁 시간은 도저히 감당이 되지 않았다. 무언가를 해 낼 것 같은 흥분된 기분도 잠시였다. 늦은 퇴근에 식사 후 늘어지는 컨디션과 책만 펴면 스며드는 졸음을 감당하기 어려웠다.

그래서 아침으로 독서 시간을 옮기고 기상 시간을 앞당기기로 했다. 알람시계를 사서 매일 10분씩 기상 시간을 앞당겼다. 매일 10분씩 일찍 일어나는 것도 쉽지 않았다. 일찍 일어나기 위해서는 일찍 자야 했다. 일찍 일어나는 것보다 일찍 자는 것이 더 힘들었다.

결국 밤 10시에 자고 새벽 4시에 일어나는 데 성공했다. 지금도 10시 취침, 4시 기상은 계속되고 있다. 일상의 습관 중에서 최고로 추천하고 싶다.

일찍 일어났지만 졸음을 견디기 어려웠다. 그래서 책상을 베란다로 옮겼다. 가을이 시작되는 무렵이라 새벽 베란다는 벌써 추위가 시작되었다. 점퍼를 꺼내어 입고 책을 읽기 시작했다.

색색이 필기구를 갖추고 마음에 와닿는 문장은 밑줄을 그었다. 그리고 찾아드는 생각이나 결심은 여백에 적었다. 읽다 보니 구입한 책의 내용이 대부분 성공의 법칙이나 세일즈, 그리고 최고 경영자의 이야기가 대부분이었다. 이때부터 자기계발서를 무척 많이 읽었다.

성공한 사람들은 평소에 어떻게 사는가?

그 사람들의 현재 위치나 재력에는 관심이 없었다. 내가 궁금했던 것은, 그들이 평소에 어떻게 살아왔는가였다. 달을 가리키는 손가락을 보지 않으려고 조심했다. 결과보다 과정이 더 중요하다는 것이 나의 평소 지론이다.

책을 읽으며 깨닫게 된 것은 모두 몇 가지 공통된 습관을 가지고 있다는 것이었다. 책 속 인물 대부분이 새벽 기상, 조깅, 독서를 공통된 하루 패턴으로 하고 있었다. 기본적으로 새벽 기상으로 자신의 인생을 꿈꾸며 계획하고, 조깅으로 체력을 관리하고, 독서로 내면을 가꾸고 있었다.

그들은 열정을 유지하는 방법으로 조깅을 매일 하고 있었다. 명상이나 목욕 그리고 등산도 있었지만 많은 이들이 새벽 조깅으로 하루를 시작했다. 해외나 다른 지방에 출장이나 여행을 가서도 자연스레 조깅을 했다. 지금은 나 역시 여행을 갈 때마다 아침 일찍 숙소를 나와 그 지역을 2시간 정도 뛰어다닌다.

얼마나 매력적인가? 나는 바로 달릴 채비를 시작했다. 쌀쌀해져 가는 11월 어느 날 운동화를 신고 운동복을 입고 아파트 인근 신도중학교 운동장에 나갔다. 90kg에 가까운 몸으로 운동장 반 바퀴를 달리자 입에서 단내가 났다. 처음부터 달리기는 불가능하겠다는 생각이 들었다.

나는 보물을 찾았다

해를 넘겨 100권 중 상당한 분량을 읽었던 어느 날 새벽이었다. 그날도 베란다에서 독서에 집중하고 있었다. 동쪽 달맞이 언덕 너머로 여명이 비칠 때쯤 갑자기 종소리가 들렸다. 머리에서 울렸다. 순간 내가 달라지는 듯했다. 지금도 그 순간을 잊지 못한다. 책을 덮고 한동안 앉아 있다가 조깅을 시작했다. 구름을 밟는 듯했다.

아파트를 나와 신도시를 가로질러 바닷가로 향했다. 백사장 끝 미포에 도착하자 그렇게 자주 달렸던 해운대 백사장이 완전히 새로운 느낌으로 가슴에 안겼다. 물가를 따라 조선비치호텔 방향으로 달렸다. 찰랑거리는 바닷물에 아랑곳하지 않고 거침없이 달리는 내 마음은 한층 들떠 있었다. 동백섬을 한 바퀴 돌고 다시 집으로 향했다.

서둘러 은행으로 출근했다. 그 당시 직원들이 자유롭게 글을 게

시할 수 있도록 열린 대화방이라는 코너를 운영하고 있었다. 나는 '금고열쇠'라는 필명으로 하루 영업의 소감을 게시하고 있었다. '금고열쇠'라는 필명은 은행은 내가 지킨다는 뜻을 담아 정한 것인데 지금 생각해도 대견하고 웃음이 난다. 그만큼 은행원이라는 내 직업에 자부심이 컸다.

게시판에 글을 적기 시작했다. "나는 보물을 찾았다"라는 제목을 적고 새벽에 내가 경험한 느낌과 마음에 가득 차오른 내용을 정리했다. 이와 비슷한 내용이었을 것으로 생각한다.

나는 보물을 찾았다

많은 사람들이 보물을 찾아 헤맨다.
주식을 하고 부동산을 하고 사업을 하고 복권을 사고 심지어 도박도 한다.
나는 내 마음속에 든 보물을 찾았다.
보물이라는 것이 너무 소소해서 여태껏 내 마음속에 있는 줄 몰랐다.
아니 이것들이 보물인 줄 인식하지 못했다.
정직 성실 근검 절약 검소 솔선 청결 배려 친절 웃음 인사 일기 독서 운동 건강 양보 긍정 용서 정리정돈 …
이것들이 보물이며 빛이 나도록 갈고닦으면
후회하지 않는 인생을 살 수 있다는 사실을 깨달았다.

그날 새벽에 100명의 앞서간 사람들이 나에게 말했다. "경우야, 네 마음속 보물들을 빛이 나도록 갈고닦아라! 그러면 후회하지 않는 삶을 살 수 있다!" 또렷한 종소리를 기억한다. 이렇게 노력하며 살아가기로 결심을 하게 된 아침이었다. 열린대화방에 글을 올리고 약간 멍한 상태에 있을 때 동료들이 출근을 시작했다.

나는 어떻게 살 것인가?

그날부터 생각이 달라지기 시작했다. 삶을 바라보는 시각도 새로워졌다. 무엇을 해도 자신감이 넘쳤고 동료들이나 지점에 오는 고객에 대한 태도가 변했다. 어느 날 갑자기 달라졌다고 보기는 어려워도 그날부터 확실히 이전의 내가 아니었다.

이런 변화한 삶을 살아가는 동안 길잡이가 되어 줄 나침반이 필요했다. 읽은 책을 전체적으로 정리하여 몇 가지로 요약했다. 그렇게 탄생한 것이 삶의 5가지 준칙이다.

1. 닭이 울기 전에 일어나 하루 살림을 준비한다
2. 하루 한 번 땀을 흘린다
3. 내 밥그릇을 남에게 맡기지 않는다
4. 백 살을 살 것처럼 산다
5. 은퇴는 없다

1번과 2번 준칙은 함석헌 스승님의 글 「살림살이 12가지」에서 그대로 옮겼다.

2001년 어느 계절인지 기억이 희미하지만 이 다섯 가지 준칙이 마무리될 즈음에 약간 제정신이 아니었을 정도로 기뻤고 앞날에 대한 기대감으로 들떠 있었다.

Job Change

모아 둔 돈이나 공인된 자격증이 없어 독립을 할 수 있는 방법은 세일즈 직업 외에는 도저히 생각이 떠오르지 않았다. 100권의 책에서도 영업 분야에서 성공한 사례들이 많았다.

오로지 자발적으로 하는 습성과 하면 열심히 하는 자신이 밑천이었다. 자연스레 영업직으로 마음이 기울었다. 열심히 잘 할 수 있을 것 같은데 불안정한 수입이 머뭇거리게 만들었다. 두 아들이 중학생과 초등 4학년이 되는 시기에 아내는 아이들을 키우는 전업 주부에 가까웠다.

그러는 도중 자동차 세일즈를 권하는 사람이 있었다. 초·중·고 대학을 부산에서 나왔고 은행 동료들도 많아 자동차 영업은 나의 영업 태도에 따라 무난히 정착이 될 것 같았다. 자동차에 대해 이런 저런 궁리를 하고 있는 중에 보험에 관한 책을 읽게 되었다.

김승억

보험에 대해 무지하던 내가 때마침 읽게 된 책이 김승억이 쓴『라이프플래너, 푸르덴셜 성공의 비밀』이었다. 교회 장로이기도 한 저자의 책은 자동차 영업에 골몰하던 나를 돌려세웠다. 저자는 말했다. "목사는 죽은 자의 영혼을 구하지만 보험설계사는 살아있는 사람의 영혼을 구하는 직업이다." 이런 취지의 구절에서 내 인생의 행로가 결정되었다.

고등학교를 졸업하고 한때 성직자를 꿈꾸었던 나에게 어울리는 직업이 될 수 있겠다는 생각이 들었다. 기계를 파는 일보다 생로병사와 관련된 영업이 더욱 매력 있어 보였다. 보험 영업에 관한 책을 집중적으로 읽기 시작했다. 보험 세일즈 책들은 한결같이 성공 미담과 활동에 대한 법칙을 소개하고, 누구나 능력만큼 하면 성공할 수 있다고 적혀 있었다.

보험사 문을 두드릴 때였다. 나를 적극 추천한 사람이 있었지만 나이가 많아 장애가 된다는 느낌을 받았다. 면접을 보는 날이 왔다. 내가 읽은 책 중에서 보험 영업을 결정하게 만든 책을 들고 갔다. 그런데 보험사의 전무로 재직 중인 그 책의 저자가 면접관으로 앉아 있었다. 몇 가지 질문을 받고 답한 뒤에 책을 내밀었다. 면접관인 저자는 매 페이지마다 붉은 줄이 그어져 있고 메모가 된 것을 보더니 질문을 했다.

"고객이 많아지면 어떻게 관리할 것인가요?"

"넓은 땅을 사서 고객의 가족 수에 따라 5평 10평 정도로 주말 농장을 만들어 고객에게 제공하겠습니다. 그러면 주말마다 고객을 자연스럽게 볼 수 있을 것입니다."

대답을 들은 면접관은 책의 앞표지를 넘기고 저자 서명을 했다.

"훌륭한 라이프 컨설턴트가 되시길 바랍니다!"

이 다소 엉뚱한 대답은 실행에 옮기지 못했다.

보험 영업을 염두에 두고 대출계에 방문하는 거래처 사장들에게 내 의사를 슬며시 비춰보았다. 거래처 사장들은 백이면 백 모두 반대하고 말렸다. 은행 과장 자리를 1억 원에 판다고 하면 많은 사람들이 돈다발을 들고 줄을 설 것이라 하면서 내 생각을 탐탁지 않게 말했다. 왜 잘 나가는 은행을 그만두고 보험설계사로 전직을 하느냐고 이구동성으로 부정적으로 이야기했다. 왜 하필 보험 영업이냐고 힐난하는 사람도 있었다.

그 당시 30년 이상 한 은행 한 지점에 거래하는 분이 계셨다. 그분은 매일 은행에 오다시피 하는 분이었다. 그분에게 내 생각을 말씀드리고 조언을 구했다. 많은 사람들과 달리 그분은 자신의 과거 경험을 이야기하면서 적극 도전할 것을 권했다.

자신도 40세에 경상북도 영천의 허허벌판 한가운데에 조그만 공장을 짓고 사업을 시작했다고 말했다. 그러면서 "내가 3년간 남 과장을 지켜보았는데 당신은 나가서 무엇을 해도 잘할 것이다."라고 말하며 나를 고무시켰다.

백 사람의 말보다 한 사람의 말을 듣는다는 것은 내 속사람이 많이 달라졌다는 뜻이다. 그러나 주변 사람들, 심지어 동료 중에도 내 뜻이 분명하다는 것을 알고 눈물을 짓기도 했다. 아내에게는 차마 말을 할 수가 없었다.

반대가 심할수록 내 뜻은 굳어져 갔다. 읽은 책 내용 중에 "사람들이 하는 것을 꺼리는 일을 해야 성공할 가능성이 높다. 대표적으로 시체를 닦는 일이다. 모두가 기피하는 일에서 잘 하면 성공의 기회가 주어진다."라는 대목이 나를 붙잡았다.

보험 영업을 왜 반대할까? 여태껏 보험에 대해 무지했던 나는 이런저런 이유를 들어 보기로 했다. 아는 안면에 억지로 가입한다? 중간에 해약하면 손해가 발생한다? 가입하고 나면 설계사 얼굴을 보기 힘들다? 보험금을 잘 안 준다? 대략 이런 내용이었다.

그런 부정적인 말을 들을 때마다 내가 보험 영업을 해야 하는 이유를 말해 주는 것 같았다. 성공에 관한 책을 집중해서 읽다 보니 살짝 미쳐 있었던 것이다. 무엇에 씌었다고 봄이 맞을 것이다.

누구보다도 열심히, 재미있게 일하는 은행원이 될 수 있을 것이라 믿었지만 그해가 끝날 무렵에 은행에 사표를 내게 되었다. 한 번 반려가 되고 3개월 후 명예퇴직이 실시되면서 마침내 퇴직을 하게 되었다. 많은 동료의 우려와 걱정하는 시선을 뒤로하고 14년간 은행원 생활을 40세에 마쳤다.

그렇게 호기롭게 퇴직한 그다음 날 아침을 기억한다. 아침에 눈을 뜬 순간 내가 무슨 짓을 저질렀는지 실감했다. 온몸에 전율이 흘렀다. 짧은 시간 온몸을 덮치는 공포를 느꼈다. 익숙한 길을 마다하고 가지 않은 길을 가야 하는 나의 심정은 설렘보다는 두려움이 훨씬 더 크게 다가왔다.

되돌아갈 다리를 불살랐다는 의미가 이것이구나, 생각했다. 이제 앞으로 가는 수밖에 없다. 일요일에 가방과 구두를 사고 월요일에 보험사로 출근을 했다.

지금 돌아보면 그 당시 그런 용기가 어디서 나왔을까 싶다.

전직을 하게 된 다른 계기는 '성공한 사람들의 책 100권 단기간 내 읽기'에서 얻은 5가지 준칙 때문이다. 은행 일도 적성에 맞았고 잘할 수 있었다. 그러나 세 번째 준칙 '내 밥그릇을 남에게 맡기지 않는다'와 다섯 번째 준칙 '은퇴는 없다'에 걸맞지 않았다.

더 나아가 내가 계획하고, 실행하고, 피드백하고 다시 계획하는 일을 찾고 싶었다. 스스로 계획할 때 가장 추동력이 강하다는 사실을 은행에 재직할 때에 배웠다. 상사가 시키지 않아도 목표를 정해 계획하고 그 진행 정도에 대해 결재를 올렸다. 동료들의 원성도 샀지만 재미있었고 Plan-Do-See를 스스로 무한 반복하는 삶이 내가 원하는 것임을 확신하게 되었다.

이 시기에 크게 위로가 된 문장은 폴 발레리의 "생각하는 대로 살아가지 않으면 살아가는 대로 생각하게 된다."였다. 또한 로버트 프로스트의 시 「가지 않은 길」이었다.

언젠가 이런 나를 보고 쓴 글이다.

그대를 보며 놀라오

아직도 사진 속 그대를 보면

그저 나는 놀라오

갑옷이라 여기던 직장에
사표 한 장 남기고
낯선 길 떠나던 첫날

소름 돋는 아침
지금도 가슴 떨리오
길을 나섰지만
갈 곳을 찾지 못해
방황하던 그날들
그 뙤약볕들

굳게 다문 입술
곧게 선 두 다리
믿는 구석이 있는 듯
세상을 응시하던 그 눈빛

그대, 그때는 참 대견했소
지금도 그저 나는 놀라오

■ 차례

추천사 _ 김형균/ 부산테크노파크 원장   2
머리말   6
프롤로그   8

1 책 속에 길이 있다

삶의 다섯 가지 준칙   26
매일의 루틴   44
영업   52
마라톤   56
골프   61
시문장詩文章   65

2 매일 하면 틀림없이 달라진다

은퇴의 무기   70
끝없는 공부는 스스로 창조하는 것이다   72
스스로 깨칠 나이   74
한결같이 살고 싶다   76
보험은 상부상조다   78

생각하고 또 생각하자	80
하루에 집중하자	82
백 살을 살 것처럼 산다	84
아직은 괜찮다	86
워커홀릭	88
해로운 것을 멀리하라	90
목표가 이끄는 삶을 살자	92
순종해도 좋을 나이	94
달라지고 있는 것들	96
시선의 온도	98
생각의 굴레	100
스스로 기꺼이	102
달리기	104
나는 달린다	106
일상日常	108
바쁜 일상	110
맨발 걷기	112
33초	114
산길 한 바퀴	116
목표를 달성하자	118

3 높은 자존감은 재정 자립의 주춧돌이다

철이 든다는 것	122
숫자로 판단	124
퍼센트로 생각하자	126
주인으로	128
노년의 품격	130
재정 자립의 주춧돌	132
10년 후 내 모습	134
한 번에 하나씩	136
소비 지출을 줄이자	138
일일일사一日一思 매일 쓰기	140
이런저런 나의 눈	142
마지막 한 주	144
10년 후에	146
일상의 재미	148
금융의 함정	150
연말 준비	152
은퇴 이후의 삶	154
빡세게 5월을!	156

깊어 가는 가을	158
고령 사회	160
Short term	162
가을	164
Plan-Do-See	166
산행	168

4 자신을 과신하지 않는 것 또한 투자의 기술이다

아버지의 추석	172
단순한 삶	174
일상의 의미	176
초로의 관심	178
뙤약볕	180
모든 노인의 소원은 건강	182
노후 시뮬레이션	184
보이는 끝	186
균형 잡힌 삶	188
항상 긍정	190

매일 한다는 것	192
직업과 사상	194
이른 봄날	196
단순한 삶	198
재무 설계	200
봄이 오건만	202
투자 (1)	204
투자 (2)	206
대출 상환	208
왜 투자를 하려는가	210
절약	212
평균 수명	214
노후자금	216
노후와 독서	218
60대 젊은이	220
에필로그	222

1
책 속에 길이 있다

젊었을 때 나를 키운 것은 칭찬이나 격려가 아니라 숨이 막혀 주저앉을 듯하던 순간들이다. 이 초로의 나이에 나를 돌보는 것은 독서이다

삶의 다섯 가지 준칙

삶의 준칙 01
닭이 울기 전에 일어나 하루 살림을 준비한다

어릴 때부터 아침 일찍 일어나는 것을 선호했지만 쉽지가 않았다. 무엇을 하더라도 시간을 확보해야 했다. 낮에는 직장에 매인 몸이라 어쩔 수 없고, 저녁에는 퇴근도 늦고 가족들과 같이 있으니 시간을 만들 수가 없었다. 새벽 시간 외에는 다른 여지가 없었다.

고교 시절에 집에서 수 킬로 떨어진 교회에 다녔다. 4시 30분에 시작하는 새벽 기도회에 참석하기 위해 뛰어다녔으며 초등학교 시절에는 동네 친구와 이른 아침 초읍 아리랑 고개까지 뛰어 갔다 오는 경쟁(?)을 하곤 했다. 아주 어릴 때부터 나는 새벽을 좋아했다.

함석헌

내 인생에 여러 스승들이 계시지만 함석헌 선생님을 존경하며 마음으로 가까이하려고 노력했다. 매월 함석헌 선생님께서 주간으로 있던 《씨알의 소리》가 책방에 나오길 기다렸다. 책꽂이에 한 권씩 늘려가는 재미에 푹 빠지기도 했었다.

군 복무 시절 한 달에 한 번 1박 2일 외박이 있었다. 집이 부산이라 멀어서 갈 수가 없었다. 서울 고모 집으로 가서 자고 일요일 아침 일찍 함석헌 선생님이 주도하는 아침 모임에 참석을 했다. 일병 계급에 군복을 입고 스무 명 남짓 빙 둘러앉은 자리에 함께 했다. 조용조용한 말씀에 처음부터 끝까지 졸음을 참을 수가 없었다. 추레한 모습이었지만 그래도 매월 한 번 선생님을 뵐 수 있는 외박 날을 기다리곤 했었다.

함석헌 스승님의 글 「살림살이 12가지」 꼭지를 틈만 나면 읽고 읽었다. 이 첫 번째 삶의 준칙 "닭이 울기 전에 일어나 하루 살림살이를 준비하라"는 글자 그대로 옮겨왔다.

새벽은 오로지 자신만의 시간이며 자신과 만날 수 있는 시간이다. 그래서 그런지 너무 빠르게 지나간다. 책상에 앉으면 스스로 새벽기도회를 주관하는 듯하다. 고요한 시간에 책장 넘기는 소리만 들린다. 읽는 책에는 붉은 줄을 친다. 불현듯 떠오르는 생각을 메모한다.

평소에는 아내가 아침밥을 해 놓고 흔들어 깨워야 일어나던 생활을 하고 있었다. 무슨 수로 새벽에 일어날 것인가? 탁상시계를 구입했다. 하루 10분씩 앞당기기로 했다. 불가능하지 않았다. 워낙 내 속에 갈증이 심했던 탓이었을 것이다. 어느새 새벽 4시까지 당겨지게 되었다. 물론 20년도 더 지난 지금도 탁상시계에 의존하고 있다. 지난 25년간 4시부터 6시까지 책을 읽었다. 6시부터 7시까지 온 동네를 뛰어다녔다.

날씨가 쌀쌀해지는 가을과 이부자리에서 나오기 싫은 겨울에는 새벽에 일어나도 졸음이 쏟아졌다. 그래서 책상을 베란다로 옮겼다. 최대한 졸음을 이겨내 보려고 했다.

어릴 때부터 새벽 기상을 좋아했다. '성공한 사람 책 100권 단기간 읽기'를 하면서 알게 된 사실은 100명 대부분이 새벽 기상을 한다는 점이었다. 사업가·종교인·문학가·정치인 심지어 철학자들도 대부분 새벽에 기상을 하고 있었다.

새벽 시간에 집중적으로 글을 쓰고, 책을 읽고, 운동을 하고, 하루 일정을 조정하는 등 그들에게 새벽은 하루 중 가장 높은 집중력을 발휘하는 시간이었다.

나는 '따라 하기'를 잘한다. 옳다고 생각되거나 도움이 되겠다고 싶으면 곧장 흉내를 내거나 따라 한다. 내가 바라는 삶을 살았던 분들을 부지런히 따라 했다.

지금도 새벽 4시 기상을 지키고 있다. 골방 창문을 열면 어둑한 금련산 산기슭이 눈앞에 나타난다. 쌀쌀한 산바람에 졸음을 쫓으며 나 자신에게 몰입하는 이 시간을 좋아한다. 쉽지 않지만 몸에 익힌 이 습관은 내 삶의 방향을 지키는 나침반 역할을 하고 있다.

삶의 준칙 02
하루 한 번 땀을 흘린다

　함석헌 스승님의 글 「살림살이 12가지」에서 인용한 문구이다. 특별히 몸이 허약하거나 기골이 뛰어난 체격이 아니다. 그저 그렇게 평범하다. 그런데 나는 이 한 줄의 글을 삶의 준칙에 넣기로 했다. 선생님께서는 사람은 노동으로 하루 한 번 땀을 흘리는 삶을 사는 것이 참되다고 하셨다. 땀보다 노동을 더 강조하신 것 같았다.

　은행원이 무슨 노동으로 어떻게 땀을 흘리나 싶었다. 땀은 편안해서는 흐르지 않는다. 노동이라는 대가를 치러야 얻을 수 있는 결과물이다. 땀을 흘린다는 의미를 단순하게 해석했다. 노동이든 운동이든 반신욕이든 땀을 흘리면 된다. 매일 하루 한 번씩 땀을 흘려야 정신과 육체가 튼튼해진다.

　나는 어떻게 땀을 흘릴 것인가? 달리기를 선택했고 한겨울에는 반신욕을 선택했다. 이 두 가지가 땀을 흘리는 데 가장 쉬웠기 때문이다.

　나의 선택을 더욱 확고하게 해 준 것은 '성공한 사람 책 100권 단기간 읽기'였다. 그 100인의 상당수가 달리기를 하고 있었다. 주로 아침 조깅을 선호했고 그중 대부분은 풀코스 마라톤도 완주한 사람이었다.

　건강한 육체가 없으면 온전한 정신을 보존할 수 없다. 매일 한 번 땀을 흘린다는 의미를 매일 운동을 한다는 의미로 확정하고 그 운동은 매일 달리기를 하는 방식으로 삶의 제2 준칙으로 결정했다.

업무에 대한 욕심과 운동 부족으로 체중이 늘고 평소에 종종 뒷골이 당기는 현상이 있었지만 달리기 덕분에 깨끗하게 없어졌다. 매일 한 번 심장 박동을 최대치로 끌어 올리는 이 달리기가 생명을 상징하는 심장을 보호하는 훌륭한 방법이라고 생각한다.

요시카 피셔

달리기를 위해 좌충우돌하고 있을 때 요시카 피셔의 저서 『나는 달린다』라는 책을 읽게 되었다. 내가 이 책을 읽게 된 것은 정말 행운이었다. 누군가의 책에 언급되어 읽게 된 책이다. 이 책은 나의 달리기 바이블이 되었다. 지금도 아침 달리기를 하게끔 만들었으니 말이다.

운동장 반 바퀴부터 시작하여 결국 경주 마라톤대회와 춘천마라톤대회 풀코스를 완주했다. 스스로 돌아봐도 대견하다. 지금은 봄가을로 한 해 두 차례 10km 단축 마라톤에 참석한다. 한 시간 안에 완주하는 것을 목표로 하고 있고 기록은 50분대 중반에 계속 머물고 있다. 80kg의 체중을 76kg 정도로 낮추면 기록을 앞당길 수 있겠는데 체중 조절은 정말 어렵게 느껴진다. 이 나이에 욕심은 금물이라고 친구들이 말린다.

삶의 준칙 03
내 밥그릇을 남에게 맡기지 않는다

내 밥그릇을 남에게 맡기지 않을 수 있을까? 직접 사업을 한다면 모를까, 어떻게 가능할까?

성공 관련 도서 100권 읽기를 하는 와중에 찰스 핸디의 『코끼리와 벼룩』이 포함되어 있었다. 이 책의 내용 중에 이곳저곳 뛰어다니는 벼룩은 생존할 수 있지만 거대한 코끼리는 생존하기 어려운 경제 환경이 도래하고 있다는 내용이 있었다. '프리랜서'나 '컨설턴트'라는 용어들이 매우 매력적으로 보였다. 은행 일도 미친 듯이 좋아하고 열중했던 내가 이 단어에 매료된 것이 이상했다.

피터 드러커

경영의 신이라 불리는 피터 드러커의 저서를 읽게 되었다. 그중에서도 『인생 경영』을 특히 좋아했다. 그 내용 중에 '1인 경영자'라는 개념이 너무 좋았다. 스스로 계획하고 스스로 수행하며 스스로 피드백하고 또 다시 계획하고 실행하고 피드백을 반복하는 삶이 손에 잡힐 듯이 나를 사로잡았다.

예금 업무를 맡고 있을 때였다. 어렴풋하게 안면이 있는 중년 한 분이 창구에서 통장을 개설하고 있었다. 결재를 하면서 그분이 군 복무 시절에 옆 중대의 중대장이었던 분임을 알고 반갑게 인사를 했다. 그분도 희미하게나마 알아보는 듯했다. 계급 정년에 걸려 퇴직을 해서 쉬고 있다고 했다. 오십 대 초반이었을 것이다.

또 어느 날 객장을 살펴보다가 은행 선배님이 앉아 있는 것을 보았다. 얼른 나가서 인사를 하고 차를 대접했다. 한때 유명했던 은행 선배님이었다. 지점장을 끝으로 퇴직을 하신 분이다. 어떻게 지내시는지 여쭈었더니 "무엇을 하기 겁나는 세상이라 등산이나 다니고 친구들 만나고 집안에서 소일하고 있다."고 하셨다. 오십 대 후반이셨다.

이 두 분을 보고서 나의 미래가 훤히 보이는 것 같았다. 과장이 되고 차장이 되고 지점장이 되고 오십 대 중후반에 퇴직을 하게 될 것이다. 퇴직 이후 상당한 세월을 놀거나 임시직을 찾아야 하는 장면이 다소 부정적으로 떠올랐다. 더구나 독서를 통해 알게 된 초고령 사회를 살게 되는 첫 세대인데 몇십 년을 어떻게 일 없이 살 수 있을까! 지금 가고 있는 방향이 옳은가 의문이 생겼다.

퇴직이 없는 직업 즉 내가 그만두지 않는 한 계속 할 수 있는 일을 찾아야 한다는 목소리가 내 속에서 점점 커졌다. 이대로 가면 남들만큼 간다. 그런데 내가 바라는 모습이 아니다. 후회하지 않을 자신이 없었다. 그런데도 방향을 바꾸지 않고 계속 간다면 어떻게 되겠는가?

오너가 나가라고 하거나, 회사가 어려워 퇴사를 해야 하거나, 정년이 있어 퇴직을 해야 하는 일을 벗어나야 했다. 그런 일을 찾아야 한다는 압박감이 있었다. 그것도 기꺼이 달려들 정도의 매력이 있는 일을 고민하게 되었다. 삶의 준칙이 주는 힘은 대단했다. 외울 때마다 자신감과 용기를 주었기 때문이다.

구본영

이때 나에게 회심의 펀치를 안긴 책을 만났다. 변화 전문가 구본영의 『익숙한 것과의 결별』 외 몇 권의 책을 집중해 읽었다. 책의 내용 중에 "불타는 갑판에서 뛰어내려라!"는 대목이 있다. 바닷물이 무섭다고 불타는 갑판에 그대로 있을 것이 아니라 생존의 가능성이 조금이라도 있는 물속으로 뛰어내려야 한다는 내용이었다.

이 책들은 그 당시 나에게 성경과 같았고 특히 이 부분은 수십 번 읽었다. 40세에 Job Change를 결행하면서 세 가지를 염두에 두었다.

일한 만큼 대가가 있어야 한다

근무 호봉에 따라 급여가 지급되는 방식이 나름 불합리하다고 생각했다. 안정적이지 않더라도 일한 만큼 받는 일이라면 더 열심히 할 것이다. 실제로 매월 수입은 들쭉날쭉해도 세월이 지나면 어느 정도의 평균치를 알 수 있다. 수입이 많은 달에는 조금 저축을 하고 수입이 적은 달에는 지출을 줄이는 방식으로 생활하니 재정적인 문제는 생기지 않았다.

스스로 계획할 수 있어야 한다

즉 Plan-Do-See를 스스로 반복할 수 있어야 한다. 스스로 목표를 정하고 달성을 위해 계획하고 실행하고 그 결과를 피드백하는 과정을 되풀이할 수 있는 직업은 대단한 일이다. 남이나 조직이 시켜서 하는 것과 자신이 추구하는 바를 자발적으로 쫓아가는 것은 전혀 별개의 삶이다. 이때는 돈의 문제가 아니다. 신명의 문제이다.

은행에 다닐 때였다. 근무하는 동안 매일 지점의 청소를 담당하는 여사님과 같이 청소를 했다. 동료들이 출근을 하기 전까지 둘이서 청소를 마쳐야 했다. 그 지점을 떠나 다른 지점으로 발령이 났을 때 여사님이 고맙다고 눈물을 보였던 기억이 난다.

그만둘 때를 내가 정할 수 있어야 한다

다니는 회사 사정이 좋지 않아서 그만둬야 하고, 업무 성적이 나쁘다고 쫓겨나고, 나이가 많다고 명예퇴직을 종용하는 직업은 피해야 한다. 물론 쉽지 않다. 대부분이 그렇기 때문이다. 그래서 영업직을 선택했다. 보험 영업이 쉽다는 뜻이 아니다. 모두가 반대할 만큼 어렵겠지만 막상 뛰어들면 살길을 발견할 수 있을 것이라 생각했다.

간혹 일찍 퇴직을 당한 후배들과 차를 한잔할 때가 있다. 조금 시간이 걸리더라도 진퇴를 스스로 결정할 수 있는 일을 찾으라고 권한다. 나이가 있어 지금 들어가면 또 2~3년 내에 나올 것이고, 구직의 어려움이 반복되는 삶을 살게 될 것이라 말한다.

실패하면 다시 재기하기 힘든 나이에 이런 권고가 무슨 소용이 있겠냐 하겠지만 오십 대 중년이라면 최소 30년간은 노후를 보내야 한다. 엄청난 세월이다. 한 2~3년 갈고 닦아 20년 이상 버틸 수 있다면 해볼 만하지 않을까.

오늘의 신문

지역 본부 마케팅 부서에서 초급 책임자로 근무할 때가 있었다. 그 당시에 《선데이 서울》 같은 잡지가 유행할 때였다. 나는 은행원이면 경제 신문을 읽고 하루 업무를 시작하면 좋을 것이라는 생각을 했다.

새벽 5시에 출근을 시작했다. 주로 택시와 새벽 첫 버스를 탔다. 그 시각에 본부장실에 들어가는 신문이 배달되었다. 경제 일간지 두 개를 가지고 요약을 시작했다. A4 2장 분량으로 '오늘의 신문'이라는 제목으로 정리했다. 그리고 산하 20여 개 지점에 팩스를 발송했다. 2시간 동안 요약해서 1시간 동안 팩스를 넣었다. 1년 반 동안 계속했다. 본부 산하 동료들이 조회 때 잠깐 동안이나마 훑어보고 업무를 시작하면 좋겠다는 생각이었다.

지금 생각하면 삼십 대 초반의 그 시절로 돌아간다고 해도 흉내도 내지 못할 것 같다. 그 휑한 새벽에 출근을 서둘렀던 모습이 짠하게 떠오른다. 사람이 옳다고 믿게 되면 스스로 움직이게 된다. 나는 그런 삶을 살고 싶었다.

40세까지는 조직이 시키는 대로 하며 살았다. 독립된 개체로서 스스로 자신의 행위를 결정하는 자존감은 행복이라 할 수 있다. 비록 외부에서 주어지는 환경 속에서도 스스로 계획하고 실행하고 스스로 피드백하는 습성을 익힌다면 그 또한 작은 행복이라 하겠다.

삶의 준칙 04
백 살을 살 것처럼 산다

    은행에서 외환 업무를 맡고 있을 때였다. 2,000년을 얼마 앞둔 시점에 서울 본사 외환 업무 팀에서 소식지를 영어로 발행해서 각 지점 외환계에 나누어 준 적이 있다. 별 생각 없이 사전을 찾아가며 읽다가 흥미가 생겨 두 페이지 가득 분량을 끝까지 읽게 되었다. 초고령사회의 도래를 예고하는 내용이었다. 그러는 동안 실제로 초고령사회를 살게 된다면 어떤 삶이 전개될지 궁금해졌다.

    그 당시에만 해도 70~80세를 살아도 호상이라고 하던 때였다. 나중에 보험 영업을 시작했을 때 종신보험에 포함되어 있는 특약들의 만기가 최장 80세라는 사실을 알게 되었다. 실제로 그 소식지에는 수명의 연장의 추세를 보여주면서 100세 시대를 예고하고 있었다.

    그런데 만약 운이 나쁘게도 100세를 살게 된다면 그 삶의 모습이 어떨 것이며 어떤 준비를 해야 하는지 자문했다. 그래서 삶의 준칙 네 번째로 '백 살을 살 것처럼 산다'를 만들었다.

    만약 어찌어찌해서 100세를 살게 된다면 축복이라기보다는 불행한 인생이 될 것이라는 이야기가 많았다. "끝이 좋으면 다 좋다."는 말이 있지 않던가! 장수를 하고서도 그 인생이 불행으로 결론지어진다면 얼마나 억울하고 후회가 될까!

    나는 지금도 습관처럼 계획이나 결심을 동료나 친구들에게 공개한다. 공개하면 추진력이 생긴다. 물러설 수 없다. 자신의 인생도 복잡다단한 타인들이 나의 계획에 대해 관심을 두지 않겠지만 나 자신의 도전 의지를 높이기 위해 공개한다.

내가 이 준칙을 공개했을 때가 2000년 즈음이다. 이 준칙을 들은 동료나 친구들로부터 "벽에 똥칠 할 일이 있나." 하는 힐난이 돌아왔다. 팔십만 살아도 오래 산 것이라며 어처구니가 없다는 표정을 지었다.

나도 실제 100세까지 살게 될 것이라는 생각은 하지 않았다. 그러나 만약에 의술이 발달하든 약이 좋아지든 어떤 이유로 100세를 살게 된다면 어떤 문제가 발생할지에 대해 생각은 해 볼 수 있다고 판단했다. 여러 책에서 초고령사회가 온다고 씌어 있었다.

나는 이 준칙에 근거해서 삶을 계획했다. 정말 100세 가까이 살게 되면 어떤 문제가 발생할까? 단순히 떠오르는 것은 건강과 연금이다. 오래도록 건강을 지키고, 사망할 때까지 일상생활에 부족함이 없을 정도의 연금 같은 노후 재정을 준비하는 것이다.

노후 준비 3가지

• 건강 문제 - 건강은 건강할 때 지켜야 한다

젊은 사람도 건강하지 않으면 삶 자체가 고통스럽다. 삶의 질이 크게 낮아진다. 하물며 노인들은 어떻겠는가? 지금도 하루에 여러가지 약을 상복하고 이틀이 멀다 하고 병원을 쇼핑하듯 하는 노인들이

얼마나 많은가? 나이가 들수록 건강해야 한다. 사람은 결국에는 늙고 병들고 죽는다. 그렇지만 만약 100세를 살게 된다면 건강 수명을 최대한 늘여야 한다.

건강은 건강할 때 지켜야 한다는 것은 상식이다. 이 상식을 때로 되뇌며 살지만 건강을 지키기 위해 무언가를 한다는 것은 쉽지 않고 실제 하고 있는 사람도 드물다.

어떻게 할 것인가? 가장 먼저 실천할 것은 해로운 식습관을 하지 않고, 위험한 행동을 피해야 한다고 생각했다. 담배와 술을 정리했다. 즐겨 하지 않았지만 사회생활에 필요하다는 생각에 늘 그 언저리를 맴돌았다. 그리고 조기 축구회를 그만 두었다. 회원들이 다치는 일이 잦았다. 크게 다치는 경우는 드물지만 심심찮게 부상을 입었다. 그리고 두 번째 준칙인 '하루 한 번 땀을 흘린다'의 실행 방법으로 매일 달리기를 시작했다.

- **노후 재정 문제** - 반강제적으로 해야 가능하다

끝이 좋으면 지난 모든 과정이 좋다는 말이 있다. 노후가 빈곤하거나 건강이 여의치 않으면 살아온 삶 전체를 후회할 수 있다. 명심해야 할 대목이다. 젊었을 때는 웬만한 재정적인 문제가 생기더라도 어떻게든 해결한다.

그러나 노후 재정(연금)은 나이가 들수록 어려워지고 하지 못할 수도 있다. 모든 재무 설계의 최종 목표는 노후 재정 문제 해결이다. 이 문제의 해결은 사회 초년생부터 시작하는 것이 가장 현명하고 효율

적이라 말하지만 젊었을 때는 이 생각을 하지 못한다.

　은행에 입사하는 그해에 국민연금 제도가 실시되었다. 직장에 다닐 때는 강제적으로 국민연금이 납부된다. 노후 준비는 스스로 알아서 하는 사람은 아주 드물다. 반강제적으로 해야 가능하다. 왜냐하면 20~30년 이상 준비를 계속해야 하기 때문이다. 일반적으로 재정적 어려움이 생기면 대부분 사람들이 보험을 해약해서 해결하려고 한다. 이런 현실에서 노후 준비 자금도 강제적이 아니면 조금만 어려워도 해지할 확률이 거의 100%이다.

　40세에 Job Change를 하니 직장 국민연금에서 지역으로 전환되어 국민연금 월 납부액이 약 9만 원으로 확 줄어서 청구되었다. 나는 바로 국민연금공단에 전화했다. 최고치 금액을 납부하겠다고 말했다. 그 이후 매월 약 40만원씩 납부가 종료될 때까지 계속 내었다. 한번 납부하면 내가 임의로 깰 수 없기 때문에 이것만큼 확실한 노후 준비가 없다고 생각했다. 더구나 퇴직금도 없는 보험 설계사가 아닌가!

　사실 40대 초반에만 해도 많은 사람들이 국민연금이 준조세와 다를 것이 없다며 어떻게 하면 안 내거나 적게 낼 것인가 하고 궁리를 하곤 했다. 지금 생각하면 내 생각이 옳았다. 약 33년간 평균적으로 매월 약 30만 원을 납부하고 매월 약 200만 원의 연금을 받고 있으니 그렇지 않은가!

　학창 시절에 배웠던 복리 개념이 내 생애 처음으로 적용된 사례이다. 복리의 효과는 5년, 10년 기간에 발생하는 것이 아니라 20~30

년 후에 일어나기 때문이다. 노후 준비는 태어난 직후부터 하는 것이 옳다고 하는 이유이다. 지금도 20~30대 젊은이들은 국민연금 제도를 탐탁지 않게 생각한다. 우리 세대도 그랬던 것처럼 똑같다.

지금은 많은 사람들이 100세를 살 수 있을지도 모른다는 생각을 한다. 적어도 그럴 가능성이 높아졌다. 돌아보면 '백 살을 살 것처럼 산다'는 준칙은 참 대단한 착안이었다.

• **노년 철학** - 삶에 대한 자긍심과 자존감은 필수적이다

60대를 지나면 사람들은 침울해지기 쉽다. 나날이 떨어지는 체력을 확실히 실감하게 되고 무엇을 하고자 하는 의욕도 급격하게 쇠잔한다. 그동안 즐겨했던 흡연이나 음주 등 여러 이유로 성인병이 하나둘 나타나기 시작하고, 그에 따라 복용하는 약도 점점 늘어난다. 심지어 우울증 증세 진단을 받는 사람들이 늘어나고 약을 먹지 않으면 잠을 이루지 못하는 긴 밤들이 많아진다.

경제적인 문제와 건강 문제가 겹치는 나이에서 자신을 잃어버리는 치매에 노출되기도 한다. 재정과 건강! 이 두 가지 현실적인 문제 앞에서 정신을 논하기 어려울 수도 있다. 그러나 "사람이 빵으로만 사는 것이 아니라 말씀으로 산다."는 성서 구절도 있듯이 재정적인 부족이나 체력적인 고통을 극복하는 데에는 정신력이 절대 필요하다.

가난을 두려워하지 않고, 노년이면 찾아드는 각종 질병을 자연스러운 현상으로 받아들이는 듬직한 태도가 필요하다. 건강한 정신이

라고 할 수 있다. 개인적으로 타고난 성격이 있지만 살면서 독서나 여행을 통해 긍정적이고 자신감이 있는 정신력을 키울 수 있다. 이것은 어느 날 갑자기 생기는 것이 아니다. 오랜 시간 동안 생활 속에서 많은 의식적인 노력을 통해서만 가능하다.

자신의 삶에 대한 자긍심이나 자존감은 노후에 필수적이다. 일상을 부정적으로 보기 쉬운 인생의 고비에서 자신의 삶에 대해 확고한 믿음의 철학이 있다면 되레 노후를 즐기게 될 수 있을 것이다.

100세 시대가 눈앞에 다가왔지만 모두들 그리 반가워하지 않는다. 당사자인 노인들도 값싼 골동품 취급 받는 것을 싫어한다. 장수 시대를 반가워하지 않고 부담으로 생각하고 표현한다. 젊은 사람도 아이가 자라는 속도만큼 빠르게 늙고 있다는 사실을 종종 잊는다. 골동품이나 싸구려 동화책 취급을 받지 않으려면 어떻게 해야 하나? 젊은이들에게 부담이 되는 존재가 되어서는 안 된다.

젊은이들은 자신의 인생도 버거운데 또 다른 부담을 지는 것을 두려워한다. 그래서 노인이 될수록 경제적으로 자립해야 하고 신체적으로 건강해야 한다. 그러나 노인은 그 자체로 비자립적이고 병들어 가기 때문에 젊은이들에게 부담스러운 존재가 될 수밖에 없다. 그래서 노인들은 그런 위치에서 자신을 스스로 추스를 수 있는 건강과 연금과 철학을 가져야 한다.

삶의 준칙 05
은퇴는 없다

　네 번째 준칙인 '백 살을 살 것처럼 산다'를 구체화하면서 생각해 낸 준칙이다. 길게는 수십 년으로 늘어난 노후 생활 대비책은 건강과 재정자립이다. 건강은 남의 신세를 지지 않을 정도의 체력을 유지하는 것이다. 재정자립은 최소한의 생활비가 연금 자산으로 해결이 가능한 상태를 말한다.

　젊어서 노후의 재정자립을 스스로 준비하기란 거의 불가능하다. 실제로 베이비붐 세대의 상당수는 재정자립에 미치지 못하는 수준에서 은퇴를 하고 있다. 발표되는 노인 대상 설문 조사를 보면 건강보다 생활고에 따른 애로사항을 호소하는 비율이 더 높게 나오기도 한다.

　'은퇴는 없다'는 준칙은 크게 두 가지 의미를 갖고 있다. 하나는 생활고를 대비하는 것이다. 오랫동안 일하는 것이 노후 대비책으로 최선이다. 두 번째는 일과 일상을 일치시키려는 내 직업관의 지향점이기도 하다. 일이 일상이고 일상이 일이 되는 단계까지 발전시키고 싶었다.

　많은 사람들의 반대에도 불구하고 보험 영업을 택하게 된 것은 보험이 사람의 생로병사와 같이한다는 속성 때문이었다. 늙고 병들고 죽는 일이 달갑지 않지만 피할 수 없듯이, 그것과 궤를 같이하는 보험이 자동차 영업보다 더 큰 매력으로 다가왔었다.

지금 돌아보면 상당 부분 일이 삶이고 삶이 일이 되고 있다. 나를 보면 보험이 생각나고 보험을 이야기하면 내가 생각나는 단계로 진입하고 있다. 어디서 보험 이야기가 나오면 내가 떠오른다는 말을 들을 때가 종종 있다. 또 나를 보면 보험에 대해 물어볼 것이 떠오른다고 한다. 보험 영업의 매력 중 하나는 영업을 하지 않아도 영업이 된다는 것이다.

일이 일상에 자연스레 녹아 있는 상태가 되면 '은퇴는 없다' 라는 준칙이 가능할 것으로 판단했다. 일이 없는 일상은 무슨 의미가 있을까? 실제 노동을 하지 않고 살 수 있을까? 없다고 생각한다. 있다면 인생 최후의 끝부분일 것이다.

퇴직을 한 사람도 은퇴를 했다고 선언한 사람도 무엇이든 할 일을 찾는다. 생계를 위해 어쩔 수 없이 적성에 맞지 않는 일을 하며 젊은 날을 보내었으니 이제부터 진정 하고 싶은 일을 하고 싶다고 한다. 그래서 전원주택을 찾고 텃밭을 만들고 여행을 다닌다. 그림을 그리고 책을 쓰고 목공을 배우고 요리를 익힌다.

은퇴를 하고 제2의 직업을 찾듯이 바쁘게 움직인다. 남이 시켜서 하는 일이 아니라 즐거이 할 수 있는 일을 배우려고 한다. 그러니 지금 하는 일이 나의 가치관과 맞는다면 은퇴할 이유가 없는 것이다. 부득이 은퇴를 한다면 체력적으로 어쩔 수 없을 때일 것이다.

매일의 루틴

새벽 기상

밤 10시에 자고 4시에 일어난다. 간단한 몸놀림으로 정신을 차린 후 간밤에 생각해 놓은 글을 쓰거나 독서를 한다. 골방 창문을 열면 금련산 산기슭이 손에 잡힐 듯하다. 새벽 찬 공기로 감싼 고요한 2시간이 황금 같은 시간이다. 나 자신을 마주하는 시간이기도 하고 현재의 나를 뛰어넘는 훈련을 하는 시간이다.

새벽 시간은 너무 빠르게 지난다는 흠이 있다. 그만큼 몰입도가 강하다. 새벽 두 시간은 대낮의 여러 시간과 맞먹을 만큼의 열정이 생긴다. 앞서 언급한 100권의 주인공들이 대부분 새벽 기상을 중요하게 생각했고, 실행했다. 경영인, 세일즈맨, 종교인, 정치가, 학자, 스포츠맨, 투자가 등등 직업과 상관없이 새벽 기상을 하고 있었다.

아침 운동

평상시에는 매일 아침 아파트 뒤에 있는 동수영중학교 운동장을 오른다. 운동장을 대각선으로 가로질러 100미터 달리기를 한다. 몸을 잠시 풀고 서서히 뛰기 시작하여 왕복으로 점차 속도를 높인다. 숨이 턱에 찰 때까지 속도를 높이다가 서서히 줄인다.

아침으로 달리는 거리와 시간이 부담스러워질 때에 100미터 달리기를 생각해 냈다. 왕복으로 속력을 서서히 높이다가 서서히 줄이는 방법으로 여러 차례 반복한다. 앞으로 넘어지지 않도록 조심해야 한다. 왕복 몇 번에 숨이 차고 땀이 맺히기도 한다. 대략 22초 정도의 속도를 유지하고 있는 듯하다. 무릎에 무리가 가지 않고 운동 시간도 단축할 수 있어 중년이나 초로의 운동으로서 제격이다.

100미터 왕복 달리기를 하고 나면 축구공을 가지고 운동장을 왔다 갔다 드리블을 한다. 허리와 발목 그리고 유연성 운동이 목적이다. 혼자 하는 운동이라 다치거나 무리가 없다. 세월이 지나니 양 발로 슈팅이 엇비슷하게 가능해져 아침 운동 시간이 기다려질 정도로 재미가 붙었다.

달리기는 육신과 정신을 보존하는 최고의 방법 중 하나이다. 건강하다는 느낌 즉 살아있다는 느낌, 나아가 잘 살고 있다는 자존감까지 땀방울이 영향을 준다. 살아 있을 때 최선의 노력을 다한 사람만이 죽음이라는 결말에 도달했을 때에 편안해질 수 있다. 바람에 실려 가는 나뭇잎처럼 떨어지겠지만 미련 없이 다음 세대를 위해 흔쾌히 떠나갈 수 있을 것이다.

3대 악동

보험 영업을 24년 동안 하고 있다. 세일즈맨은 조직의 아무런 보호를 받지 못한다. 한 곳이라도 아프거나 다치면 바로 실업자가 된다. 감기 같은 사소한 것에도 조심하고 또 조심해야 한다. 그리고 고객의 연령층이 높아짐에 따라 보험금 청구가 빠르게 늘어나고 있다.

나름 느낀 한 가지를 언급한다. 중년 이후 건강에 특히 유의해야 할 3대 악동이 있다. 고장이 잘 나는 세 곳이다. 무릎과 허리와 치아, 이 세 곳에 탈이 나면 삶의 질이 급격하게 떨어진다. 어떻게 보호할 것인가?

- **무릎**

고등학교 시절에 축구를 하다가 무릎을 다쳤다. 병원에 갈 형편이 되지 않아 안티푸라민 하나로 버텼다. 물이 차고 빠지기를 되풀이하다가 안정이 되었다. 그러나 그 후 쪼그렸다가 일어나면 표현하기 힘든 통증으로 다시 주저앉을 정도였다. 특히 군 복무 시절에 재래식 화장실 사용과 쪼그려 앉아 뛰기 훈련은 정말 죽을 맛이었다.

쪼그려 앉는 행위를 극히 조심하며 살았다. 그러다 달리기를 시작하고 난 후에는 그 현상이 없어졌다. 걷는 데 불편하면 일상의 불편함은 이루 말할 수 없다. 무릎 근육이 단련된 덕분이라고 보았다. 지금도 무릎을 보호하는 방법으로 조깅을 하고 있는 셈이다.

- **허리**

 허리에 문제가 생기면 이것 또한 일상이 괴롭다. 통증도 심하고 병원을 자주 가야 한다. 쉽게 치료도 되지 않고 재발을 반복하며 삶의 질을 떨어뜨린다. 살면서 가장 많이 사용하는 부분이 허리가 아닐까 싶을 정도로 허리는 하체와 상체를 연결하는 부위이다.

 허리를 지키는 방법으로 바르게 앉고, 서고, 걷는 습관을 들여야 했다. 나이가 들수록 앉아서 업무를 하는 시간이 늘어나고 있다. 앉아 있는 시간이 늘어날수록 허리는 위험해진다. 빈 책상을 이용하여 서서 업무를 볼 수 있는 장치를 했다. 그리고 잘 때는 허리 베개를 사용한다.

 처음에는 어색했지만 업무 중에 눌린 허리 부분이 자는 동안 펴지는 느낌이 확실하게 들었다. 그리고 반달 모양의 경침을 베고 잔다. 자는 동안 목을 제 모양으로 바르게 해 준다. 처음에는 아파서 불편했지만 지금은 목을 경침에 걸치면 바로 잠에 빠져 든다. 여행을 갈 때도 지참할 정도이다. 바른 자세와 허리, 베개 그리고 경침이 허리를 보호하는 내 나름의 방법이다.

- **치아**

 치아 건강은 어떻게 할 것인가? 주변 지인들이 치아 때문에 고생하고 돈이 많이 드는 임플란트와 틀니를 사용하기 시작하는 것을 보면 머지않아 나에게 닥칠 일이라고 생각한다. 잘 씹지를 못해 고생하는 노인들을 자주 본다. 즐거워야 할 식사 시간이 그렇지 못하면 그것도 문제이다.

치아는 음주와 흡연에 가장 취약하다. 치아 문제는 음주와 흡연을 즐겨하는 친구들의 공통 현상이다. 그런 점에서 두 가지 모두 하지 못하는 나는 치아 관리 측면에서 많이 유리했다고 본다. 양치질을 잘 하는 수밖에 달리 방법이 있겠는가. 그 외에는 아침에 운동을 하면서 턱을 움직여 아래 위 어금니를 부딪치게 하는 행동을 오랫동안 하고 있다. 현재까지는 치과 신세를 지지 않고 있다.

독서

• 파피루스 아침 독서회

내가 Job Change를 하고 나서 몇 년 지나지 않아 아침 독서 모임을 시작하는데 참여 제안을 받았다. 서면 영광도서 인근 한식집에 스무 명 정도 사람이 모인 것으로 기억한다. 그곳에서 '파피루스 아침 독서회'가 창립되었다.

올해로 20년이 되었다. 매월 둘째 토요일 아침 7시 30분에 모인다. 매 분기마다 도서선정 위원이 정해지고 독서 방향을 정한다. 선정된 도서가 발표되면 회원들이 읽고 토론에 임한다. 지금까지 450여 권의 책을 읽은 것 같다.

독서회에 참여하면 지속적으로 독서를 할 수 있는 계기가 마련된다. 또 자신이 좋아하는 음식처럼 편식 독서하기가 일쑤이지만 독서회에 참여하면 다양한 도서를 접할 수 있다. 시에 문외한이던 내가 시집을 즐겨 읽게 된 계기도 독서회가 있었기 때문이다. 또한 한 권의 책에 대해서도 자신과 다른 의견을 들을 수 있고 일상에 쫓겨 지나친 부분에 대한 보충도 할 수 있다.

매 해마다 회원들의 글을 모아 문집을 만든다. 올해는 20호 문집이 발간될 예정이다. 누구나 참여할 수 있지만 토요일 아침 모임이라는 쉽지 않은 허들이 있어 참여가 쉽지 않다. 그러나 한 번 참여하게 되면 정말 오랜 세월 동안 같이 인연을 맺게 된다.

독서는 삶의 양식이라 하고 책 속에 길이 있다고도 한다. 실제 그렇다. 책을 꾸준히 읽는 사람들의 공통된 인식이다. 자본주의 사회이지만 돈으로 모든 것이 해결되지 않는다. 돈으로 해결되지 않는 것을 해결해 주는 것이 독서라고 말할 수 있다.

AI 시대에 사람들이 준비해야 할 것이 무엇인가?라는 질문에 어느 교수는 독서라고 말했다. "무궁무진한 AI를 잘 사용하는 방법은 좋은 질문이다. 좋은 질문을 하는 능력은 독서를 통한 광범위한 교양 상식에서 나온다."고 했다.

• **책 나눔**

'성공한 사람들의 책 100권 단기간 읽기' 기간 동안 읽었던 책 100권을 목록 그대로 다시 구입했다. 총동창회 감사로 재직하던 때 초등학교 모교 도서관에 기증했다. 자녀들 때문에 학교 출입이 잦은 학부모들이 읽을 수 있도록 했다.

또 책 300권 정도를 아파트 주차장에 펼쳐 놓고 마음대로 가져가도 된다고 메모를 해 두었던 적이 있다. 메모를 보면서도 망설이던 주민들이 한두 명씩 모여들더니 몇 시간도 되지 않아 몇 권을 남긴 채 대부분 가져갔다.

책 리스트를 A4에 인쇄하여 고객들에게 문자를 보냈다. 3~4권 범위 내에서 신청하면 선착순으로 택배로 보내겠다고 했다. 고객들이 좋아했다. 비록 내가 읽은 흔적이 있는 책이지만 수십 명의 고객들로부터 감사하다는 문자를 받았다.

고교 친구가 안동에 귀농했다. 면사무소에 귀농인들이 모여 작은 도서관을 만들었다는 소식을 들었다. 책장을 모두 비우다시피 대부분의 책을 승용차에 가득 실었다. 읽지 않거나 별 내용이 없는 책을 보낸다는 말을 들을까 봐 내가 아끼는 책부터 실었다.

일일일사 一日一思

약 10년 전부터 매일 짤막한 글을 써 왔다. 쓴 글을 SNS에 올렸다. 별다른 내용이 없기 때문에 공개했다. 가끔 내가 결심하거나 계획한 것을 올림으로써 스스로 추동력을 얻기도 했다. 하루라도 빼먹은 날이 기억에 없을 정도로 매일같이 쓴 것 같다.

대체로 내용은 새벽 기상과 독서, 달리기 그리고 나의 활동에 대한 이야기가 주 내용이었다. 골프를 배우기 시작한 그해도 매일 골프 연습 내용을 써서 올렸다. 누가 읽을 것인가에 신경을 쓰지 않으려 했고, 나 자신을 위해 쓴다고 생각했다. 왜냐하면 이 글을 게시하기 전까지 수십 번을 읽고 고치기 때문이다. 스스로 세뇌하는 셈이다.

하루에 한 번 맨정신으로 생각을 하자는 취지가 주목적이다. 일상에서 부산하게 살지만 잠시라도 정신을 챙겨보는 기회를 갖고자 했고 그 수단으로 글을 쓰는 것이다. 글을 쓰기 위해서는 마음을 진정시키고 정신을 바로 세워야 한다.

문법적으로도 공부를 하게 되고, 표준어와 사투리를 구분하게 되고, 띄어쓰기를 배우게 된다. 무엇을 써야 하나 하고 매일 고민한다. 그래서 하루 종일 무엇을 쓸 것인가 하고 일상을 눈여겨보게 된다. 그러면서 세월이 지나다 보니 글이 글을 쓰게 되는 단계까지 갔다. 일단 쓰기 시작하면 된다. 그 뒤로는 자동으로 쓰게 된다.

앞으로 언제까지 계속될지 나도 모른다. 매일 그저 쓸 뿐이다. 그런데 분명한 것은 글쓰기가 나의 삶에 많은 기여를 하고 있음을 확신한다. 특히 내면의 체질을 강하게 만든다. 은연중 깨달은 것은 현대에서는 필력도 실력이라는 점이다.

영업

생각난 김에 기억에 뚜렷한 은인 한 사람을 소개한다.

한영록

은행 지역본부에 근무할 때였다. 이분은 서울에서 발령을 받고 내려왔다. 웃음에 인색한 분이라 썩 다정한 느낌은 없었다. 나는 초짜 대리이고 그분은 담당 차장이었다. 이분을 평생 은인 중 한 분이라 생각하는 이유는 매사 꼼꼼한 성격에서 나오는 철저함 때문이다.

보고서나 기안을 만들어 결재를 올리면 매번 거의 10번 정도 되돌아 내려왔다. 곳곳에 붉은 볼펜으로 표시를 해서 다시 작성할 것을 요구했다. 띄어쓰기와 행간 나누기 그리고 단어 선택과 글자 크기 등 그때는 정말 미칠 지경이었다. 거의 3년을 그렇게 지냈으니 나도 대단했다.

엉성하고 대충 하는 습관을 가진 나에게 엄청 스트레스였지만 보험 영업에 필수인 고객 리포트 작성에 유용한 엄청난 배움이었다. 은행을 나와 보험 영업을 하면서 이분에게 얼마나 감사했는지 모른다. 보험 영업이 글을 쓰는 것과 무슨 상관이냐고 할 수 있다. 그러나 내용이 잘 요약되어 있고 보기에 좋은 모양으로 오자가 없는 리포트 한 장의 호소력은 고객을 돌려세우기도 했기 때문이다.

은행원으로 근무하는 아들이 힘든 상사가 왔다며 투덜댈 때가 있다. 꼰대질로 들리겠지만 그 사람이 네 은인일 수 있다고 말해 준다. 물론 아들은 쉽게 이해를 못하겠지만 말이다.

편지 쓰기

보험 영업 2년 차가 되었을 때 지점 분위기가 매월 달라지기 시작했다. 입사 시점에 지점 게시판에는 우수한 선배들의 업적이 사진과 함께 붙어 있었다. 그런 선배들이 2년이 경과할 시점에 점점 사라지기 시작했다. 보험 설계사의 수명이 딱 2년인가 싶을 정도로 그들의 퇴장이 씁쓸했고, 위기감으로 다가왔다.

나는 건너온 다리를 불살랐기에 돌아갈 수 없었다. 무조건 앞으로 나아가야 하고 살아남아야 했다. 어떻게 할 것인가 하는 두려움이 수시로 찾아왔다. 지인 영업은 벌써 바닥이 난 상황인데 어떻게 길을 내야 할지를 고민했다. 어떻게 할 것인가?

피터 드러커는 책에서 약점을 보완하기보다는 강점에 집중하라고 말했다. 그럼 나의 강점은 무엇일까? 남들이 하고 싶어 하면서도 잘 안 되는 것을 나는 하고 있다는 사실을 알았다. 새벽 기상과 꾸준한 독서와 달리기이다.

　누구나 일찍 일어나고 싶고, 책도 읽고 싶고, 운동도 하고 싶지만 일상에 쫓기다 보면 잘 안 된다. 그런데 나는 하고 있지 않는가! 이것을 소재로 고객을 관리하고 창출해 보자는 아이디어를 정리하고 실행에 들어갔다. 그 아이디어는 편지를 쓰는 것이었다.

　그 당시에는 도우미를 두고 있었다. 영업에만 집중하려고 일반 사무 부분을 맡기려고 고용했었다. 내가 A4 용지 2매 분량의 편지를 쓰면 도우미가 예쁘게 도안을 해서 빨간 봉투에 넣었다. 고객의 주소를 라벨 작업으로 깔끔하게 붙였다. 빨간 편지 봉투를 택한 것은 우편함에 꽂힌 내 편지를 멀리서 봐도 눈에 띄도록 하기 위해서였다.

　편지 내용이 보험을 홍보하는 것이라면 아무도 좋아하지도 않을 것이고 받는 것조차 불편해할 것이다. 그래서 편지 내용은 새벽과 독서와 운동, 이 세 가지 주제로 국한했다. 새벽 기상이 왜 좋은지 그리고 그 시각에 무엇을 하는지를 적었다. 읽고 있는 책은 무엇이며 간략한 추천의 글도 적었다. 그리고 매일 운동을 하고 있고, 무슨 운동을 하며 앞으로 어떤 계획을 가지고 있다는 등등의 내용이었다.

　고객의 반응은 좋았다. 만나면 편지 이야기가 먼저 나올 정도로 관심을 가져 주었다. 세 가지 모두 하고 싶지만 시간이 안 되거나 습관을 만들기 어려웠는데 힘을 얻는다고 했다. 마라톤 대회 참가 소식을 담은 적도 있는데 대회 당일 아침에 고객들이 안전하고 즐겁게 뛰라고 격려 문자를 보내주기도 했다.

에세이 문자 보내기

꽤 오랫동안 편지는 계속되었다. 영업 6년 차 시점에 도우미가 마산으로 시집을 갔다. 새로 사람을 고용하기에는 부담이 되는 상황이라 이참에 편지를 에세이 성격의 문자로 대신 보내는 것으로 변경했다. 편지는 매월 보냈지만 에세이 문자는 매주 보내는 것으로 했다.

지금도 계속 짧은 편지 분량의 문자를 매주 발송하고 있다. 고객이 내 문자를 모두 읽는다고 생각하지 않는다. 이 바쁜 세월에 긴 문자를 읽는다는 것은 예삿일이 아니기 때문이다. 그럼에도 단지 나의 바람은 고객에게 담당 설계사가 왕성하게 활동하고 있다는 사실을 상기시켜 주는 것이다. 의도하는 것이 있었다면 보험 하면 나를 떠올리고, 나를 보면 보험을 떠올리게 하는 것이었다.

24년 동안 보험 영업을 해 오면서 이 편지와 문자의 위력이 절대적인 힘을 발휘하고 있다. 글을 잘 쓴다는 것이 아니라 내 이야기를 진솔하게 쓰면 읽는 사람도 부담 없이 읽게 된다. 정말 오랫동안 쓰다 보니 글은 생각으로 쓰는 것이 아니라 글이 글을 쓴다는 사실도 알았다. 쓰기를 시작만 하면 글은 앞다투어 나온다. 주저 없이 "필력이 실력이다."라고 말할 수 있다. 꼭 영업직이 아니더라도, 영상이 대세인 세상이지만 필력은 강력한 무기가 될 수 있다.

마라톤

아침 운동으로 달리기 종목을 선택하고 요시카 피셔가 지은 『나는 달린다』를 지침서로 삼았다. 이 책의 요지는 이렇다. 100kg이 넘은 저자가 자신의 생을 바꾸기 위해 달리기를 시작한다. 결국 풀코스 마라톤을 완주하게 되고, 심지어 마라톤 선수들을 가르치기까지 하는 그 과정을 세세하게 적어 놓았다. 달리기로 인해 자신의 인생이 어떻게 변화되어 가는지를 상세히 소개했다. 그는 두 가지 달리기 법칙을 소개했다.

1. 매일 달린다. 2. 어제보다 더 멀리 달린다.

책을 읽고 또 읽어 완전히 소화했다고 판단될 즈음에 달리기에 대한 확신과 할 수 있다는 자신감을 갖게 되었다.

쌀쌀한 날씨에 아파트 인근 신도 초등학교 운동장에 들어섰다. 옷을 두껍게 입었기 때문에 뛰지를 못했다. 운동장 반 바퀴를 돌 때 입에서 단내가 났다. 옷 타령이 아니라 내 저질 체력을 확인하는 순간이었다. 멈춘 자리를 기억하고 돌아왔다. 다음 날은 어제 달리기를 마친 지점보다 더 멀리 뛰었다. 그다음 날은 또 더 멀리. 한 바퀴, 한 바퀴 반, 두 바퀴….

한 달 정도 지났을 무렵에는 기온이 내려가기 시작했다. 이 겨울을 어떻게 달리나? 옷을 겹겹이 끼어 입고 귀마개가 달린 모자에 목토시로 목과 입을 보호하고 장갑을 낀 채 완전무장을 하고 달렸다. 찬 공기가 얼굴을 때렸지만 달리다 보면 몸이 데워지고 뛰어다닐 만했다.

운동장 돌기가 지루해질 즈음에 아파트 단지를 돌기 시작했다. 해운대 신도시는 크게 4등분을 할 정도로 잘 정리되어 있다. 1/4을 돌다가 2/4를 뛰는 시기가 왔다. 달리는 거리가 점차 늘어났다. 결국 한 바퀴를 달릴 수 있었다. 아파트 사이의 산책로가 주 코스였다.

세월이 흐르자 오늘 달린 거리가 내일 달리기에 부담이 되지 않을까 하는 걱정이 살짝 되기도 했다. 매일 달리기와 어제보다 더 멀리 달리기는 잘 지켜지고 있었기 때문이다.

그러다 지루해지면 장산으로 방향을 틀어 산기슭을 달렸다. 해운대 장산의 산허리를 따라 대략 2km 코스를 정해 놓고 거의 매일 달렸다. 산을 뛰어다니는 노루의 기분이 이런 것일까 싶을 정도로 때때로 묘한 기분에 사로잡히기도 했다.

모두가 이렇게 걸음마 달리기부터 시작해서 결국에는 마라톤 풀코스에 도전한다. 유명한 미국 흑인 여성 앵커 오프라 윈프리의 책을 읽고 그녀도 풀코스 완주자라는 사실을 알게 되면서 더욱 자신감이 붙었다.

신도시 뛰어 돌기가 익숙해져 갈 때 방향을 바꾸어 해운대 백사장과 동백섬으로 달리기 시작했다. 살은 빠지고 얼굴은 홀쭉하여 아픈 사람처럼 보였다. 은행에 출근을 하면 상사가 어디 아픈 것이 아니냐며 물었다. 모습이 초췌해지고 가끔 조는 모습이 영락없이 환자였다. 이전의 나와 비교하면 환자 중 중병 환자였다. 4시에 일어나 2시간 책을 읽고 1시간을 달린 후 씻고 출근해서 지점 청소를 했으니 말이다.

그해 겨울을 넘기고 생애 처음으로 마라톤 대회에 참가 신청을 했다. 2001년 4월 경주 벚꽃 마라톤 대회에 10km 코스를 목표로 했다. 조깅 신발과 조깅 팬츠를 처음으로 샀다. 조깅 팬츠는 참 어색했다. 주 연습장을 동백섬으로 옮겼다. 동백섬 한 바퀴 길이는 약 940미터이다. 11바퀴를 목표로 연습했다.

그 당시 아내는 동백섬에서 새벽 6시부터 7시까지 주민들을 대상으로 생활 체조를 가르치고 있었다. 아침에 동백섬을 찾는 많은 사람들이 줄지어 서서 아내를 따라 운동을 했다. 아내는 만 5년 동안 가르쳤다. 아내가 새벽 5시에 일어나 준비를 하면 내가 아내를 태워 동백섬에 갔다. 아내는 주민들을 대상으로 운동을 가르치고 나는 아내가 마칠 때까지 계속 달렸다.

그 시간 동안 동백섬은 나의 달리기 연습장이 되었다. 아침 해가 떠오르는 동백섬을 달리는 기분은 누군가 뒤에서 등을 밀어주는 듯 좋았다. 최고로 많이 달린 기억은 22바퀴이다.

어느 해에는 커다란 태풍이 왔다. 태풍 피해가 쉴 사이 없이 언론에 보도될 때 나는 홀로 동백섬을 뛰고 있었다. 매일 달린다는 원칙을 지키고 싶었다. 나뭇가지가 바람에 휘날리는 등 동백섬도 강한 바람과 비에 어수선했다. 특히 바람이 문제였다. 천천히 달리기로 시작했지만 점차 비와 바람에 아랑곳하지 않고 속도를 내기 시작했다.

그때 내가 내 자신을 칭찬하는 목소리를 들었다. 잘하고 있다! 정말 잘하고 있다! 지금도 잊지 못하는 순간이다.

풀코스 마라톤

2000년에 운동장 반 바퀴에서 시작한 달리기가 결국 풀코스 42.195km를 완주하게 되었다. 2001년 4월에 경주 벚꽃마라톤 대회 10km에 도전했고, 그 이듬해 하프 코스를 완주했다. 그리고 몇 해 지나서 울트라 마라톤 맨(100km)인 친구가 풀코스 도전을 제안했다.

이원철

초등학교 5, 6학년때 같은 반이던 친구이다. 이천에 살면서도 나와 동반주를 위해 오겠다고 했다. 그때가 2006년 봄이었고 대회는 경주 마라톤 대회였다. 4시간 40분대로 가까스로 제한 시간을 통과했다. 불국사를 돌아오는 오르막길은 지금 생각해도 황천길 같았다.

그 이듬해 마라톤을 취미로 하는 사람들이 누구나 달리고 싶어 하는 조선일보 춘천마라톤 대회에 도전장을 내밀었다. 참가 자격 자체가 풀코스 완주자로 국한되어 있다. 나는 이 대회를 준비하면서 내가 경험할 수 있는 가장 고통스러운 지경을 경험했다.

해운대 신도시에서 기장 해동 용궁사까지, 정확한 거리는 몰라도 상당하다. 낮에 영업을 하고 집에 와서 간단한 식사를 하고 잠시 쉬었다가 밤 10시부터 달리기 시작했다. 왕복을 코스로 정했다. 집에 도착하면 자정이 넘었다. 중간에 달맞이 고개를 넘어야 했다. 깜깜한 밤에 달빛과 가끔 지나는 차량의 불빛에 의존해 달렸다.

그렇게 연속 7일을 달렸다. 허벅지와 가랑이가 찢어질 것 같은 날들이 연속되었다. 집을 나서는 순간부터 통증이 밀려오다가 20~30분 경과하면 점점 속도가 나기 시작했다.

대회 날이 다가오자 마지막 시험대로 금정산을 선택했다. 초읍 어린이 대공원에 차를 주차하고 몸을 풀고 뛰기 시작했다. 입구에서 큰 저수지로, 만남의 광장으로, 남문으로, 동문으로, 북문으로 달렸다. 북문에서 범어사로 두실 윗길로, 구서동으로, 사직동으로, 부산 의료원 앞에서 다시 어린이 대공원 주차장으로 달렸다. 약 5시간 걸렸다. 나도 참 지독했다.

4시간 12분 4초의 기록으로 춘천마라톤을 완주했다.

왜 그렇게 죽을 둥 살 둥 달리는가 하고 누가 물으면 명쾌하게 답을 못 한다. 그러나 뛰어 본 사람만이 느끼고 경험하는 무엇이 있다. 40대 이후 인생을 뒷받침해 준 에너지 발전기였다.

골프

2001년에 보험 영업을 시작하면서 골프채를 구입했다. 3개월 연습하고 머리를 올렸지만 시간과 비용 부담이 컸고 영업의 도구로 활용하는 것에 마음이 적응하지 못했다. 미련 없이 접었었다.

그러다 2020년 7월에 우연찮게 스크린 골프장을 알게 되었다. 언제든 마음만 먹으면 이용할 수 있다는 판단에 골프 연습을 다시 시작했다. 그로부터 1년 동안 일상 최대의 현안으로 삼고 연습에 몰입했다.

사무실 가까운 인도어 연습장에 등록하고 1주일에 5~6일은 하루 1시간 30분씩 투자했다. 코치도 없이 여러 영상물을 선생 삼아 독학을 하다시피 했다. 갈지자로 날아가는 공을 보면서도 기분은 좋았고 손바닥에 잡히는 물집도 싫지 않았다.

90분 동안 500번 스윙을 목표로 공이 타석에 올라오면 바로 바로 휘둘렀다. 한 달에 20일을 연습장에 갔다면 만 번을 친 셈이다. 스윙

횟수가 6만 번을 넘어갈 때부터 스크린에서나 필드에서 타수가 줄어들기 시작했다. 일 년 꼬박 연습장에서 살았고 백돌이 신세를 면하기 시작했다.

연습장이나 필드를 다녀오면 반드시 기록과 함께 골프 에세이를 썼다. 기록의 힘은 대단하다. 바둑처럼 복기를 해 보는 역할을 한다. 속성으로 익힌 솜씨라 실력은 엉망이었지만 하나하나 기록하는 재미가 컸다. 그 언젠가 6개 홀 연속으로 파를 기록하는 기적 같은 일도 있었다.

라운드가 있는 날이면 두 시간 전에 골프장에 도착한다. 사전에 채를 분리해서 가져간다. 두 시간 동안 퍼트 연습장에서 몸을 풀고 다섯 개의 공을 가지고 연습에 몰입한다. 처음에는 미리 두 시간 연습을 해도 전혀 표가 나지 않았다. 그러나 세월이 흐르자 타수를 줄이는 데 결정적으로 기여했다. 지금도 두 시간 전에 골프장에 도착한다.

한번은 퍼트 연습장이 없는 골프장을 가게 되었다. 두 시간 전에 왔는데 매우 당황했다. 그래서 분리한 채를 가지고 인근 골프장으로 차를 몰고 갔다. 그곳에서 연습을 하고 다시 돌아와 라운드를 한 기억도 있다.

어느 분야이든 루틴을 만드는 것이 중요하다. 일상의 루틴은 10시 취침하고 새벽 4시 일어나는 것이다. 몸에 길들이는 데 힘이 들지만 습관이 되면 루틴은 육체적, 정신적으로 엄청난 편안함과 힘을 발휘한다. 두 시간 전에 골프장에 도착하는 루틴은 바쁜 일상에 쉽지 않지만 골프에 진심이면 해볼 만하다.

지금도 하루를 빼곡히 살지만 마음은 자주 골프장에 가 있다. 기회가 있어 실제 라운드를 하게 되면 공 한 개로 18홀을 마치는 것을 목표로 한다. 부족한 실력이지만 달성하기 어려운 목표 하나 정도는 있어야 한다는 생각이다.

이 나이에 무슨 골프냐 하는 사람들도 있다. 허리가 아프거나 팔이나 어깨 부상으로 골프를 접는 동년배들도 있다. 나이에도 불구하고 운동을 하면 체력이 붙는다. 근육이 새로 생기는 것은 아닐지라도 몸이 단단해지면서 유연해지는 느낌을 가질 수 있다.

동반자들은 비거리가 해마다 줄어든다고 하지만 최근 드라이버 비거리가 조금씩 늘고 있다. 그리고 18홀을 걸어 다녀도 아직은 거뜬하다. 오른쪽 어깨 부상으로 한동안 주춤했지만 그럼에도 전체적으로 라운드 하는 데는 지장이 없을 정도로 참을 만하다.

연습 없이 하는 라운드는 실력의 밑천을 숨길 수 없다. 시간이 없어 연습을 하지 못했다는 핑계를 싫어한다. 마라톤 대회에 참가 신청을 하고 나면 한 달가량 연습 계획을 세운다. 아무도 연습을 하지 않는 것 같지만 보이지 않는 곳곳에서 연습을 하고 운동을 하는 사람들이 부지기수이다.

잔디를 밟고 있으면 긴장감이 사라진다. 아스팔트와 잔디는 다르다. 골프 비용은 네 시간가량 잘 정돈된 잔디를 밟는 대가라고 생각한다. 그런 가운데 백구가 하늘로 포물선을 그릴 때의 희열과 페어웨이를 걸을 때 잔디의 편안함이 골프의 백미이다.

골프는 동반자가 반드시 있다. 실력보다도 호흡이 맞아야 18홀이 즐겁다. 오비는 용서가 되지만 비매너 동반자는 용서가 안 된다. 동반자들 중에 내가 제일 어릴 때가 있다. 80대 중반인데도 필드를 거침없이 걷는 분도 있다. 본받아야 할 대상이 눈앞에 있다는 것 자체가 감사하다.

잘 정리된 필드는 흡입력도 강하여 세상일을 잊게 만든다. 나의 안과 밖도 필드처럼 깔끔했으면 한다. 아득하게 보일락 말락 하는 깃대가 저만치 어른거리는 듯하다.

시문장 詩文章

환갑이 넘도록 시詩에 대한 취미가 없었다. 독서회에서 간혹 시집을 주 토론 도서로 선정하기도 했지만 별로 관심을 두지 않았다. 그러다 몇 차례 시집을 선물로 받았다. 그래서 시집을 읽기 시작했고 1년간을 시집과 씨름하기로 작정했다.

김명유

이분은 파피루스 아침 독서회 회원이다. 만날 때마다 시집을 선물했다. 시에 문외한이던 내가 어쩔 수 없이 한 권 두 권 읽다 보니 이제는 헤어나지 못할 정도로 시를 좋아하게 되었다. 독서에서 도외시하고 있던 한 분야를 나에게 선물한 셈이다.

한두 해가 지난 지금은 갈 때마다 자연스레 시집 코너를 찾는 습성이 생겼다. 수많은 시집 중에 독자의 선택을 받기는 하늘에서 별을 따는 만큼이나 어려운 것 같다. 유명 시인의 시집이 아닌 이상 발간 후 얼마 지나지 않아 사장되는 것 같아 안타깝다.

간혹 난해한 시집을 고를 때가 있다. 읽다가 그만두기를 반복할 때가 잦았다. 시평을 읽으면 더 어렵게 느껴질 때가 많았다. 그런 나에게 재미교포 한혜영 시인이 조언하기를, 그래도 읽기를 멈추지 않아야 한다고 했다. 읽다 보면 시인이 표현하고자 한 의미를 알게 되는 때가 올 것이라 했다.

젊었을 때는 열정과 용기 그리고 희망을 북돋우는 시가 좋았다. 지금은 소리 없이 잊혀가는 내면의 정서를 건드려 나의 주의를 끄는 작품을 선호한다.

시인이 많은 만큼 시로 표시되는 장르나 분야가 많다. 인생을 바라보는 관점의 다양성과 사물과 사건의 의미를 파악하는 날카로운 시선에 감탄할 때가 많았고, 그런 관점을 배워 익히려고 노력한다. 그동안 독서회에서 내가 주 토론자가 되었을 때는 어김없이 시집을 선택했고, 저자인 시인과도 교통하며 지내고 있다. 독서의 백미는 시에 있지 않을까 하는 결론에 다다르고 있다.

시를 읽는 사람보다 시인의 숫자가 더 많다는 힐난에 대해서도 당당히 응수한다. 시인이 많을수록 우리 사회가 건강해지고 밝아져 국민의 행복도가 올라갈 것이라 말한다. 시를 쓴다는 것은 예삿일이 아니다. 정신이 맑아지지 않고서 시구 한 줄 얻기가 힘들다. 단순히 언어의 유희를 넘어선 시는 그 시인의 일생에서 우러난다. 흉내 낼 수 없는 것이 시다.

시는 독자를 의식하고 쓰는 것이 아니라고 생각한다. 누가 읽든 얼마나 많은 사람이 읽든 시인은 시를 쓸 뿐이다. 시를 쓰는 그 자체와 시인의 그 존재만으로도 세상과 사회 그리고 이웃에 선한 역할이기 때문이다.

지금은 월간 시 전문지를 정기 구독하고 있다. 시도 읽을수록 어려워진다고 들었다. 그러나 알아 가는 것도 그만큼 많아질 것이고, 그에 따라 시는 더욱 더 나에게 가까이 다가올 것이다.

詩 三百 모으기

"시삼백 일언이폐지 왈 사무사詩三百 一言以蔽之 日 思無邪."

논어에서 인용한 이 문구를 되뇌며 '나는 왜 시를 읽는가?' 하는 질문에 대한 답이라 생각한다.

"思無邪(사악함이 없다)". 즉 시를 가까이 하는 사람은 사악한 생각을 하기 어렵다. 내 나름의 해석으로 받아들인다. 그래서 작업을 하고 있는 것이 1차로 시 100편을 고르는 것이다. 나아가 평생 즐겨 읽을 수 있는 300편의 작품을 찾아 기록하고자 한다.

한 권의 시집에서 가끔 애독하고 싶은 작품을 여럿 발견하기가 쉽지 않다. 그러다 보니 300편을 모으려면 얼마나 많은 시집을 읽어야 할까! 우연히 읽은 시집이나 월간지에서 나를 춤추게 하는 시를 만났을 때는 그 시인이 그렇게 반가울 수가 없다.

새벽 공기가 베란다로 들어와 거실을 훑고 골방 창문으로 해서 어둑한 산으로 돌아간다. 외로울 정도로 고요한 새벽 시간에 시집을 읽는다. 누구의 방해도 받지 않고 심지어 새소리도 들리기 전에 만

나는 시 한 편에 하루를 견디는 힘을 얻기도 한다.

젊었을 때 나를 키운 것은 칭찬이나 격려가 아니라 숨이 막혀 주저앉을 듯하던 순간들이다. 이 초로의 나이에 나를 돌보는 것은 독서, 그중에서도 시가 그 역할을 하고 있다.

2
매일 하면 틀림없이 달라진다

특별히 목표나 목적을 가지고 하는 것은 아니다. 매일, 충분히, 오래 하면 일상의 밑바닥부터 변화가 시작될 것이라는 믿음이 있다.

은퇴의 무기

뜻밖에 기온이 떨어지고 찬바람이 분다. 섣불리 여름이 올 것이라 예측했던 마음에 한기가 들 정도로 별안간이다.

주위에 은퇴한 사람들이 수도 없이 늘어난다. 한 학급에 80명이 넘던 그 초딩 세대들이 이제는 본격적으로 은퇴 중이다. 마냥 젊을 수는 없을 것이라 했지만 막상 당하는 은퇴 후 세계는 안갯속이다.

잡기雜技에 능한 사람이 유리하다. '백수가 과로사 한다' 는 그 말의 주인공들이다. 특히 인기 종목은 골프(스크린)와 당구와 낚시이다. 글쓰기나 독서 그리고 그림은 혼자 놀기에 적합하다. 젊었을 때 잡기는 지탄의 대상이 되기도 하지만 은퇴하면 무기가 된다.

아침 일찍 70~80대 분들이 운동장을 계속 돈다. 열에 여덟은 여성들이다. 나이 든 여성은 남자보다 더 적극적으로 운동한다. 사람은 서서히 늙는 것이 아니라 아플 때마다 계단 내려가듯 성큼성큼 노후화된다.

건강 같은 비재정적 노후 준비보다 재정적 문제가 더 현실적이다. 양보해서 90세를 산다고 해도 30년 이상 남는다. 최대한 늦게 은퇴해야 한다. 일 없이 산다는 것이 의외로 사람을 힘들게 한다. 수입이 많고 적음을 떠나 일 자체가 노후에 무기이다.

행복한 은퇴생활이 되려면 가족이 화목해야 한다. 의외로 은퇴이후에 시련을 맞는 가정이 많다. 백 번 천 번 양보하더라도 지켜야 한다.

재무 철학

30년 전에 내가 신입 행원일 때 VIP 고객 한 분이 "좋아하는 일을 하려면 악착같이 돈부터 모아라."라고 했다. 그분은 1억을 모으니 할 일들이 보이기 시작했고, 그래서 독립했다고 했다. "좋아하는 일을 하고 싶거든 먼저 돈을 모아라."

끝없는 공부는 스스로 창조하는 것이다

60세 이후 매년 새로운 주제를 정해서 배우고 있다. 지난 3년 동안 차례로 골프에서 시문장詩文章, 그리고 클래식 감상을 진행했다. 그래서 이전보다 더 바빠졌고 더 재미있게 살았다. 이번 달로 3년 차가 끝난다. 일상의 축으로 각자 자리를 잡았다.

7월부터 4년 차를 시작한다. 4년 차의 주제는 축구와 맨발 걷기 그리고 수영이다. 축구와 맨발 걷기는 아침 운동 시간을 할애하면 된다. 축구는 몸놀림의 유연성을 키우기 위함이고 맨발 걷기는 몸 안의 온갖 신경을 자극하기 위해서이다.

수영은 시간과 장소 제한으로 주말에만 가능하다. 숨도 제대로 쉬지 못하는 수준이지만 1년(100회) 동안 계속하면 25미터 라인은 왔다 갔다 할 수 있겠다. 의외로 물을 좋아한다. 아내와 함께 하니 더 좋다. 매일 아침에 하는 달리기와 철봉 연습이 도움이 되었다.

매일 규칙적으로 하는 재능이 있는 것 같다. 시험을 준비하거나 누가 시켜서 하는 것이라면 쉽지 않다. 가능하면 발전의 정도를 알아차릴 수 있는 과목이면 좋다. 스스로 채찍질이 가능하기 때문이다. 몸의 노쇠는 어찌하지 못하지만 마음은 끝없이 성장해야 한다.

어떤 주제이든 새로운 과목을 정하고 도전하는 자세를 유지하자. 배우기 좋은 나이가 따로 있지 않다. 경제적 효용을 떠나서라도 자신의 정신세계를 확장할 수 있으면 된다. 운동은 어떤가? 독서는 어떤가? 등산은 어떤가? 요리는? 노래는? 글쓰기는? 그림은? 시간은 주어지는 것이 아니라 스스로 창조하는 것이다.

재무 철학

경제가 어렵지 않은 때가 있었나! 매년 위기였다. 개인이 어찌 할 수 없다. 두려워할 필요가 없다. 다니는 직장 잘 다니고 어떻게 하면 하나라도 더 팔 수 있을지를 고민하면 된다. 부족하면 아껴 쓰고 남으면 저축하자. 이게 할 수 있는 최선이다.

스스로 깨칠 나이

짝을 여태껏 못 찾은 매미들의 울음소리가 신경질적으로 들린다. 곧 입추다. 제아무리 뜨겁다 한들 스며드는 가을 앞에 어쩌겠나! 삶도 그런데.

수영 초급반에 가서 기초를 배우면 훨씬 나을 것이라고 아내가 말했다. 골프도 그랬지만 나는 왜 받아들이지 못할까? 배우면 열 번이면 될 것을 굳이 혼자 백 번을 고집할까? 배우는 효용보다 힘들여 깨치는 재미를 선택했다. 한평생 선생에게 많이 배웠지 않았나! 이제는 스스로 깨쳐 갈 시기이다.

점차 시간이 많아진다. 닻을 내려 정박 중인 배처럼 일정 범위를 벗어나지 못하는 내가 선택한 방법이다. 수고는 또 하나의 쾌락이다. 조금씩 나아지는 느낌은 형용하기 힘들다.

누가 시켜서 하는 때를 지났다. 공들인 조언도 귀찮게 들린다. 꼭 세월 탓만은 아니다. 누구나 필요를 느끼면 하게 되는 것이 아닐까!

스스로 하는 운동이나 독서 작업이 만족도가 훨씬 높다.

며칠 전부터 챗GPT와 놀고 있다. 앞으로 30년을 같이할 친구일지도 모른다. 영어 작문과 해석 실력이 요구된다. 드문드문 출입했던 영어 밴드를 다시 드나들기 시작한다.

재무 철학

수입으로 재정 문제를 해결하는 것이 아니라 지출을 통제하는 생활 습관이 재정자립의 첩경임을 명심해야 한다. 가계부를 써야 하는 이유이다. 근검절약 생활철학이 몸에 배야 한다. 남의 아이와 비교하거나 다른 부모와 자신을 비교하는 버릇은 지출 통제를 무력화시키는 부정적인 요소이다.

한결같이 살고 싶다

    주말은 대부분 운동이다. 아침과 오전 그리고 늦은 오후에 한다. 바다 마라톤대회에 참가 신청을 했다. 지금 같은 컨디션을 유지하면 작년 기록을 깰 수 있을 것 같지만 준비를 하려고 하니 벌써 괴롭다.

    독서의 집중력이 오르락내리락한다. 책을 읽는 이유가 무엇일까? 편견이 없는 유연한 사고방식을 갖는 것이라 생각했지만, 날이 갈수록 오히려 굳어지는 느낌이다. 무슨 책을 어떻게 읽어야 하나?

    충분한 지식도 없이 욕심이 앞선 지난날들을 돌아본다. 몇 차례 적지 않은 돈을 사기성 투자로 날렸다. 한 번 당했으면 또 당하지 않는 것이 상식인데 또 당하고 거듭 그르쳤다. 불법이 아니라는 이유만으로 화려한 포장을 한 채 횡행하고 있다.

    젊은이들은 지식 없이 욕심에 혹은 알량한 인정에 당하지 않아야 한다. 한번 당하면 그것을 회복하는 데는 많은 세월이 필요하다

    나이가 들면 자연히 되는 것이 있다. 그중 하나가 자산 형성이다.

행운이나 대박이나 자연히 불어난다는 농간에 빠지지 않으면 초등학교 때 배운 산수 실력만 가지고도 노년의 의식주는 해결될 수 있다. 느리지만 지속적으로 늘려가는 것이 첩경이다.

무엇이라도 하면 할 수 있을 것 같은 선선한 가을이다. 아무런 계획이라도 세워 스스로 달성하는 체험을 만끽해 보자.

재무 철학

수입이 없으면 불안해진다. 비록 가진 돈이 있다고 해도 그렇다. 흘러드는 물이 없으면 그 논은 언젠가는 마른다. 좌판을 펴서라도 돈을 버는 습관을 지녀야 한다. 비록 소액이라도!

보험은 상부상조다

하루가 다르게 해가 짧아지고 있다. 계절의 바뀜은 세월을 느끼게 하고 괜스레 마음 한구석 허전하게 한다. 독서와 사색 그리고 고독이 필요한 이유일 것이다.

보험금 청구가 많아지고 있다. 혜택을 보지 못하는 보험을 계속 갖고 가야 하는지를 고민한다. 반면에 보험이 없었다면 정말 끔찍했을 것이라며 주기적으로 보험금을 청구하는 고객들이 있다.

보험은 상부상조가 기본 원리이다. 건강한 사람이 내는 보험료로 아픈 사람들이 혜택을 보는 구조이다. 당연히 건강한 사람이 많다. 그래서 갈등을 하게 된다. 병원에 잘 가지도 않는데 말이다.

돈이 많은 사람은 보험이 필요 없을 것이라 생각되지만 여유가 있는 사람일수록 보험을 많이 사고 유지도 잘 한다. 보험을 활용하는 것이 효율이 높다고 본다.

건강에 자신이 있는 사람 역시 보험 가입은 성가신 일이다. 병원에 갈 일이 없다고 생각한다. 당장 생활하기에도 빠듯한 상태인데 보험은 낭비라고 생각한다. 보험료는 100% 비용이다. 지출할 가치가 있는지는 자신이 판단해야 한다.

　보험은 확률이다. 발생 빈도가 높고 치료비가 높을수록 보험료가 비싸다. 위험도가 높은 직업일수록 비용이 올라간다. 직업이 바뀌면 보험사에 연락을 해야 하고 보험료 산정을 다시 하는 이유이다.

재무 철학

보험영업을 20년째 하고 있다. 처음에는 몰랐다. 영업은 상품뿐만 아니라 나의 인격도 같이 판다는 사실을 이제야 알았다. 부끄러움이 몸에 사무친다. 무엇이든 사고파는 행위에는 그 사람의 인격도 주고받는다는 사실을 기억하자.

생각하고 또 생각하자

비가 지겹게 내린다. 갈 생각도 않고 미적대는 손님처럼 반가움이 싹 가신다. 기후 변화가 위협과 공포로 다가오면 삶은 어떻게 변할까? 타국의 지진, 홍수, 산불 뉴스가 예사롭지 않다.

무심코 핸드폰에 코 박고 있는 내 꼴이 한심하다. 마치 경고라도 하듯 죄 중의 죄가 '생각하지 않은 죄'라는 글귀가 떠오른다.

조금만 더 생각했더라면, 다시 한 번 더 생각했더라면…, 무수히 많은 지난날의 미련에 치를 떨면서도 여전히 생각은 축소되고 기억은 사라져 가고 있다. 절친의 전화번호조차도 잊은 지 오래다.

클래식을 왜 들을까? 그림을 왜 감상할까? 시詩나 글은 왜 읽는가? 듣고 보고 읽어야 생각이라는 것이 나온다. 넣어야 나오는 것이 있듯이 생각하려는 나의 최후의 발악인가 보다.

'검색이라는 만병통치약'이 생각을 묻히게 한다. 생각한답시고 호젓한 길을 걸어도 잡념만 반복될 뿐이다. 얽히고설킨 잡념은 집요하게 여전하다.

    그래도 생각하고 또 생각해 볼 일이다. 텁텁한 마음의 한쪽이라도 시원하게 맑아지는 순간을 얻을 때가 오면 좋겠다. 그때 내딛는 발걸음은 얼마나 가벼울까! 그 표정은 또 얼마나 평화스러울까!

재무 철학

한 달 생활비가 얼마나 드는지를 은퇴한 60대 선배에게 묻는다. 부부를 기준으로 먹는 것이 130만 원, 경조사비와 보험료100만 원, 각종 고지서 50만 원으로 약 300만 원이고 차량 유지비와 골프나 여행을 곁들이면 400만 원이 훌쩍 넘는다. 향후 병원비를 감안하면 갈수록 태산이다. 40~50대는 참고해야 한다.

하루에 집중하자

10월초는 쉬는 날이 많아 일상의 리듬을 유지하기 쉽지 않다. 날씨는 활동하기에 최상이지만 넘치는 의욕에 몸이 따라 가지 못한다. 그래도 나름 균형 잡힌 삶을 살아보고자 하루 목록을 정해서 하나씩 해치움으로써 하루하루를 채우고 산다.

독서, 학습, 아침 운동, 골프, 일일일사一日一思 등 여러 가지를 정해 놓고 외부 활동 시간 10시~오후 4시를 제외한 시간에 하나씩 처리한다.

시간과 분량이 많지 않더라도 매일 하면 틀림없이 달라진다. 특별히 목표나 목적을 가지고 하는 것은 아니다. 매일, 충분히, 오래 하면 일상의 밑바닥부터 변화가 시작될 것이라는 믿음이 있다.

행복이 삶의 목적이라 하지만 행복은 미래에 있지 않고 지금 즉 현재의 삶 속에서 찾을 수 있다고 한다. 쉬울 듯 이야기를 하지만 행복의 발견은 의외로 어렵다.

'될 대로 되라' 하는 배짱이 필요하다. 최선을 다하겠지만 결과는 하늘에 맡기는 것이다. 어떤 결과라도 받아들이겠다는 자세와 그 결과에서 다시 새롭게 출발하겠다는 태도가 우리의 몫이다.

이럴 때 비로소 일상에서 행복의 한 자락을 잡을 수 있다. 10월은 한 해가 저무는 달이지만 담담하게 삶을 조망하기에는 딱 좋은 계절이다. 빛바랜 낙엽을 보면 누구나 삶을 반추하게 되지 않을까!

재무 철학

"원발부위 기준 분류" 규정이 있다. 전이된 암은 원래 발생한 암 보험금을 기준으로 한다는 내용이다. 소액암으로 진단 보험금을 받은 사람은 전이된 암에 대한 보험금을 받을 수 없다. 이 규정은 2011년 4월 약관에 명기되었다. 보험 리모델링을 할 때 2011년 4월 이전에 가입한 암 보험 해지는 신중해야 한다.

백 살을 살 것처럼 산다

　마흔 살에 삶의 진로를 변경하면서 남은 생에 지켜갈 5가지 준칙을 세웠다. 그중 하나가 '백 살을 살 것처럼 산다'였다. 말도 안 된다는 힐난도 들었지만 생각을 거듭해서 정했다.

　25년이 지난 지금도 이 준칙이 다른 어느 항목보다 실감난다. 초고령 사회에 도달하니 100세 생존은 이전보다 가능성이 많이 높아졌다. 반면 환갑 이전에 은퇴를 당한 대부분의 사람들에게 남은 세월은 그리 만만하지 않게 되었다.

　재수 없게(?) 100세를 살게 된다고 가정을 해 보면 지금 무엇을 어떻게 해야 하는가를 고민하게 된다. 건강과 연금과 취미다. 건강은 지나치게 예민한 것도 탈이지만 체력을 유지하기 위한 자신만의 노력은 아무리 강조해도 지나치지 않다.

　재정적인 부분은 은퇴를 최대한 미루는 것이 기본이다. 자녀에게 올인 하는 우를 범하지 않아야 하고, 자녀에게 기대지 않도록 준비해야 한다. 늙으면 돈 쓸 일도 없다는 호기를 조심해야 한다.

인간관계가 중요하다. 하지만 스스로 즐길 수 있는 취미를 가져야 한다. 만남과 이별은 예고가 없다. 같이 있든 혼자 있든 시간을 가치 있게 보낼 수 있어야 한다.

마라톤 대회를 준비하고 있다. 장거리에 대한 걱정도 없애고 웬만한 고통에도 견디는 훈련을 한다. 오랜만에 달리는 산길은 예상한 대로 고통스러웠다. 잘했다는 생각에 후련했다.

재무 철학

미수선은 경미한 자동차 사고 시 수리를 하지 않는 대신에 현금으로 보상을 받는 방법이다. 쌍방 과실이 있을 때도 가능하다. 보험사에 파손 사진을 첨부해서 신청한다. 단, 추후 사고 시 해당 부분 수리 시 선 보상금액은 차감한다.

아직은 괜찮다

마라톤의 결말은 반환점 이후 코스에서 정해진다. 반환점 이전에는 웃으며 때로는 오버페이스를 즐긴다. 반환점과 멀어질수록 웃음기가 가시고 냉정한 이성이 발동한다. 마음대로 되지 않는 상황 속에서 힘든 고비를 맞이한다.

전년에 비해 19초 늦은 54분 17초 기록이다. 시작부터 끝까지 한결같은 폼으로 비슷한 속도를 유지했다. 욕심을 부리지 않은 것에 후회는 없다. 연습량을 늘려 하반기에 기록 도전에 나서자.

인간의 삶도 그렇다. 젊었을 때는 할 수 있는 한 큰 목표를 세우고 밤잠을 설쳐가며 도전하기를 즐긴다. 세상이 나를 중심으로 돌아가는 것 같기도 하다. 그러나 인생에 비유되는 마라톤처럼 반환점 이후에는 신체적 환경적 한계를 인식한다.

인생의 반환점은 환갑(60세)이다. 은퇴의 나이를 반환점이라 해 황당하기도 하겠지만 진정한 삶의 레이스는 이 지점을 지나고 나서야 시작된다. 그제야 인생의 달고 쓴 맛을 알고, 말과 행동의 통제가 가능해지기 때문이다. 스스로 자립을 시작하는 나이이다.

재무 철학

연 단위는 아니더라도 월 단위로 예산을 세워보자. 그 살림 거기서 거긴데 무슨 예산이냐 할 수도 있지만, 숫자로 세워진 계획표를 볼 때마다 씀씀이를 재고하게 된다. 형편이 어려울수록 예산이 힘을 발휘하는 이유이다. 심적 안정에도 영향을 주어 자신감은 덤이다.

워커홀릭

　봄철의 산길은 생기가 넘친다. 기슭의 풀과 나뭇가지에 움트는 새잎들이 생명의 진원지가 대지라는 점을 상기시킨다. 생명이 오고 가는 고향으로서 가슴 한껏 열고 나를 맞이하는 듯하다.
　평지와 오르막은 뛰다시피 하고 내리막은 걷는다. 한 마리 노루가 된 기분이다. 쌀쌀한 감촉이 되레 기운을 돋운다. 가득 차오르는 뿌듯함에 4월의 무게가 가볍다.
　반복되는 일상이지만 지겹게 느껴지지 않는 것은 무엇 때문일까? 스스로 해석을 달리하여 반복이라 생각하지 않고, 반복일지라도 쌓여가는 경험으로 다른 차원으로 이끌기 때문이다. 매일 새롭다.
　일과 휴식의 균형을 맞추려 노력하지만 워커홀릭 상태로 스스로 놓지 못한다. 매일 아침 운동이 버팀목이다. 공부를 취미 삼아 하듯이 지금은 이 상태가 좋다. 만들면 생기는 것이 일이다.
　잠자리에 들 때는 내일 일정을 생각하고, 아침에 눈을 뜨면 오늘 일정의 순서를 정한다. 일을 할 때 재미를 느낀다. 아마도 스스로 계획하고 실행하고 피드백하고 또 계획하기 때문일 것이다.

퇴직 이후에도 대부분 일을 한다. 매일 산을 오를 수도 없고 친구를 만날 수도 없다. 여전히 팔팔한 몸으로 무엇이라도 뜻을 두고 계획하면 일이 된다. 건강이 허락하는 한 할 수 있는 일을 만들자.

재무 철학

재정적인 부문에서 대충 판단하여 결정함으로써 치르는 대가는 크다. 살림을 개선하는 데 장애가 되는 것은 적은 수익이 아니라 대충 하는 결정으로 빚어지는 손해 때문이다. 면전에서 질문하는 것과 계산기 사용을 부끄러워하지 않아야 한다.

해로운 것을 멀리하라

104세를 사시는 김형석 교수께서 장수하는 비결을 묻는 질문에 "몸에 해로운 것을 멀리하라."는 말씀을 하셨다는 기사를 읽었다.

근데 하나 마나 한 말인데 왜 이리 기사가 될까? 우선 이분이 104세임에도 불구하고 사회적 활동을 하시는 분이라 그 삶 자체에서 풍기는 무게가 실렸기 때문이다.

두 번째는 해로운 것임을 알면서도 일상에서 즐기는 사람들의 마음에 파란을 일으켰기 때문일 것이다.

지혜로운 것도 무지한 것도 인간이라 했다. 안 좋은 줄, 하면 안 되는 줄, 해로운 줄 알면서도 즐겨 하지 않는가! 과식이나 폭식을 하지 말라는 말을 수십 번 들었지만, 고치지 못하는 나 자신도 할 말은 없다.

월초에 베트남을 다녀오고 중순에 명절을 지나고 큰 비 한번 내리니 벌써 한 주간을 남겨두고 있다. 세월이 빠르게 지나는 것처럼 보이는 이유는 내가 허둥대기 때문이다. 어림잡은 계획에 몹쓸 체력으로 인해 약해진 집중력이 그 원인이다.

환경이 덥든 춥든 공휴일이 많든 적든 남을 탓할 일이 아니다. 자신의 삶은 자신의 책임하에 꾸려야 한다. 그래야 외부 환경에 휩쓸리지 않는 자존감을 높일 수 있다.

연휴가 많은 주간이다. 달력은 그렇다고 해도 정상적인 활동을 계획한다.

재무 철학

구름처럼 사람들이 모일 때와 사람 보기 힘든 때 중에서 어느 때가 투자 시점인가? 지나고 나면 후회할 일을 반복하는 것이 사람이다. 투자의 세계에서 대중에 휩쓸리지 않기가 정말 어렵다. 철학이 필요하다.

목표가 이끄는 삶을 살자

  목표라는 것이 뭐 그리 대단한가! 꿈을 적은 것이다. 꿈은 또 뭔가? 하루하루가 꿈같지 않은가! 일상의 꿈이다. 이것을 쓴 종이에 목표라 이름을 붙이면 손에 잡히는 듯하여 화초를 키우듯 재미가 붙는다.

  없는 것을 있게 하겠다는 욕심을 내기도 하지만 꿈은 늘 있는 것을 다른 시선으로 보는 것이고, 목표는 그 꿈에 의미를 더한다. 사람은 꿈을 먹고 산다는 말은 이런 뜻이 아닐까!

  목표는 어떻게 세우는가? 의식주를 기본으로 일과 취미와 가족과 이웃 등등으로 나눈다. 입고 먹고 자는 이것들만 해도 숱한 목표로 쪼갤 수 있다. 일에 자신의 신념이나 철학을 가미하면 노역이 아니라 게임이 되고 놀이가 될 수 있다.

  취미도 목표를 세우면 스스로 깊어지고 넓어져 삶을 응원하는 조력자가 된다. 가족에 대해서도 목표와 계획이 필요한가? 가장 소중하지만 가장 소홀히 하기 쉬운 대목이다. 하루에 한 번 따뜻한 말 한마디 하기 목표는 어떠한가? 친구와 동료 그리고 이웃에 목표와 계획이 필요한가? 그렇다. 목표를 세우면 소중해진다.

목표는 들여다볼수록 생각하게 되고 가치를 떠올린다. 그 흔한 빈 들판에 핀 꽃 한 송이도 들여다보는 순간 또 다른 세계를 보게 된다. 매일 반복되는 삶일지라도 목표로 분류해 종이에 적는 순간 반짝반짝 빛나는 내 삶의 조각들을 발견하게 된다. 에둘러 말하면 목표가 이끄는 삶이라 표현하기도 한다.

재무 철학

젊은 부모라면 아이의 100세를 챙기겠다는 욕심을 조심해야 한다. 자녀가 성년이 된 그 이후에는 지금과는 전혀 다른 세계가 올 것이다. 그때는 아이가 자신의 미래를 자신의 판단으로 선택한다. 태아 때 가입한 보험으로 자녀의 생애를 해결하겠다는 것은 불가능하고 지나친 욕심이다.

순종해도 좋을 나이

잠자리에 드는 시간을 10시로 하다가 이제는 잠이 오면 바로 잔다. 눈 뜨는 시간을 4시로 하다가 이제는 눈 떠지면 일어난다. 이제는 굳이 시간을 정하는 것보다 몸시계에 맡겨도 좋을 나이가 되었다.

3시 40분이다. 새소리도 잠든 시각이다. 풀벌레 울음 같은 이명만이 고막을 울린다. 한때는 병인가 하다가 지금은 들리는 나이가 되었을 뿐이라 여긴다.

어제는 아내와 집 근처 성당에 갔다. 미사를 마치고 오는 길에 교회에 들러 예배에 참석했다. 무지 어색할 것이라 했지만 아무렇지 않았다. 뜻이 좋으면 매이지 않아도 되는 나이에 왔다.

먼지가 두텁게 앉아 있는 구석을 치웠다. 한사코 버리지 못하게 하던 아내도 고개를 끄덕인다. 아내도 나이 앞에서는 물렁해져 간다. 버리고 포기하고 잊고 덜어내는 것이 되레 시원해지는 나이가 되었다.

읽히지 않던 책이 읽히고, 음악이 들리고 그림이 보이고, 무엇보다 사람이 다르게 보인다. 미운 정 고운 정이라 했던가! 누구도 그냥 지나쳐도 좋을 사람은 없다. 이 나이에 이런 생각 반갑고 고맙다.

젊은 날의 야망과 그 열정! 소중하기 이를 데 없다. 그러나 되돌아갈 수 있다 해도 머뭇거릴 것 같다. 능선에 오른 산을 내려가 다시 오르는 것 같아서. 점점 더 넓어지는 시야에 만족한다.

재무 철학

나이 들면 후회하는 것 중 하나가 연금 준비를 소홀히 한 것이다. 연금보험을 쉽게 해약하던 뼈아픈 경험이 있을 것이다. 젊었을 때는 노년이 보이지 않는다. 자녀가 18세가 되었다면 국민연금을 가입시키자. 형편이 힘들면 일단 가입이라도 해 두자.

달라지고 있는 것들

남을 원망하는 습성이 줄었다. 내가 욕심을 부렸거나 부주의했던 때문일 때가 많았다. 화를 내는 일이 드물다. 비겁하고 유약한 성격 탓이겠지만 화를 내서 좋았던 기억이 없다는 사실을 알았다.

누구를 만나도 마음이 편해졌다. 인생의 고민은 모두 엇비슷했다. 아이와 젊은 때는 이미 경험해서 알고, 나보다 앞선 노년의 삶은 부모님을 보며 짐작하게 되고, 내 나이 때 망설임은 내가 아는 것이니 누구를 만나도 막힐 것이 없다. 아는 척만 하지 않으면.

디테일에 강해지고 있다. 구석구석에 주목한다. 감정은 사소한 것에 좌우된다. 그렇지만 남의 구석에는 관심을 두지 않는다.

곧장 후회하고 반성한다. 내가 맞다고 우겨서 결과가 좋았던 적보다 한 발짝 물러서는 것이 종종 더 나았다. 잘못을 인정하는 것에 망설이지 않고 다음에 잘 하면 된다고 가볍게 생각한다.

내 지식은 조족지혈鳥足之血임을 안다. 친구가 말했다. "네가 아는 것은 극히 일부다." 고마운 법문 같은 말이다. 평생 학생으로 산다. 당장 써먹을 데가 없다고 배우려 하지 않는 우愚를 범하지 말자.

걱정 근심이 적어졌다. 걱정한다고 뾰쪽한 수도 없을뿐더러 꼭 일어나는 것도 아니다. 심지어 남이 해야 할 걱정도 도맡아 하는 어리석음도 깨닫게 되었다.

재무 철학

돈으로 살 수 없는 보이지 않는 자산들이 있다. 먹고살 만하면 이 자산들을 얻도록 애써야 한다. 친절, 배려, 청결, 독서, 건강, 용서, 우정, 솔선수범, 근검절약, 운동, 절제, 봉사, 감사 등등.

시선의 온도

모두가 평범하지만 그 사람을 떠올리게 하는 것들이 있다. 이목구비가 뚜렷한 외양, 조곤조곤한 말투, 긍정적인 화법, 꼼꼼한 일처리, 똑바른 걸음걸이, 활기찬 목소리 등을 만나면 기분이 좋아진다.

나이가 듦은 묘하다. 많은 것들을 달리 해석하게 하고 다르게 받아들이게 만든다. 특히 사람들에 대한 생각이 그렇다. 싫거나 좋다는 구분이 없어지고 평범과 대단함의 구분도 옅어진다.

그 사람이 달라진 것이 아니라 바라보는 내 시선이 달라졌기 때문이다. 내 시선의 온도가 상대를 차갑게 또는 뜨겁게 한다. 그 온도는 내 삶의 체온에서 비롯된다.

자신의 삶이 타인을 바라보는 바로미터가 된다. 나이가 들어야 얻게 되는 지혜이다. 착한 사람에게는 적이 없다는 말도 이런 의미이다. 즉 타인의 이미지는 내 삶에 따라 다르게 그려진다.

끝으로 갈수록 분명하겠지만 제대로 가는지는 알지 못한다. 그래서 스스로 확신하는 삶을 살 뿐이다. 그러나 확신할 수 있는 삶이 어디 있을까! 단지 뜻한 바를 일관성 있게 실천할 뿐이다.

누구나 삶의 방향을 결정하는 생활 패턴이 있다. 나는 새벽 기상과 아침 운동 그리고 독서이다. 이 세 가지 방향키에 의지해 정답이 없다는 생生의 대해大海를 건넌다. 끝은 모르지만 지금은 최선이다.

재무 철학

돈은 자신의 통제 아래 두어야 한다. 투자를 한다는 명목으로 자신의 통제 밖으로 돈을 송금하는 순간 회수 불능의 리스크를 안게 된다. 아무리 높은 수익률을 준다고 해도 자신이 통제할 수 없는 투자는 해서는 안 된다.

생각의 굴레

우리의 인생은 매일 꼼지락거리듯 하는 사소한 일들이 모여 이루어진다. 아무런 생각이 없는 걸음걸이가 전체 뒷모습을 만들듯이 무심코 하는 행동이나 말들이 쌓이고 단단해져 나를 이끈다.

봄에 대한 겨울의 시샘이 끈질기다. 창밖 산기슭이 전쟁터처럼 봄기운과 찬바람이 뒤엉켜 나뭇가지를 차지하려 여념이 없다. 점차 해님의 응원에 힘입어 푸른색이 슬슬 기슭으로 번진다.

생각하며 일상을 사는 것은 말처럼 쉽지 않다. 닥치는 일을 해결하기 바쁜 일상이다. 생각하면 머리가 아프다. 행동이 뒤따르지 않는 모순에 맞닥뜨리기 때문이다. 폴 발레리의 "생각하는 대로 살지 않으면, 살아가는 대로 생각하게 된다."를 떠 올린다.

살아가는 대로 생각하기에 익숙하다. 그러다 철이 들기 시작하면 생각을 앞세워 살아 보려 한다. 낯선 행동은 힘들기 마련이다. 그래도 결심과 계획이 반영된 생각을 하는 능력을 키워야 한다.

책상 위에 너저분하게 놓인 책들을 보면서 이곳저곳 막 자라나는 새싹들이 떠오른다. 어수선한 마음을 보여준다. 책은 생각의 도구이다. 서툴지만 재미있는 목공처럼 시간 가는 걸 잊는다.

재무 철학

노후의 삶이 눈에 보일 정도로 길어지고 있다. 자식을 독립시키려 하지 말고 자식으로부터 자신이 독립하자. 자식은 어떻게 해도 살아간다. 눈 딱 감고 노후를 계획하고 준비하자. 서로 사는 길이다.

스스로 기꺼이

아침에 운동장에 오르면 모든 것이 어제와 같다. 철봉, 골대, 은행나무, 연못, 철망, 건물 등 365일 한결같다. 그런데 매일 아침 하루도 똑같은 날이라 생각되지 않는다. 매일매일이 새롭고 느낌이 다르다. 날마다 달라지는 것은 나 자신이다.

같은 사물과 사람에 대해 날마다 다른 느낌을 갖게 된다. 이것이 살아가는 힘의 원천일 것이다. 부정이면 힘이 빠질 것이고, 긍정이면 기운이 뻗칠 것이다. 순전히 선택은 나에게 달렸다.

어제 동갑내기 고객을 만나 상담했다. 오래전에 동료가 일을 그만둔 탓에 계약 관리가 나에게 맡겨진 고객이다. 통화는 몇 번 했지만 직접 대면은 처음이었다.

그분은 일상에서 읽는 글이라고는 내가 보내는 글이 유일하다고 하며 잘 읽고 있다고 했다. 글에서 자극을 받아 운동과 강좌 참가 등 바쁜 일정을 보내고 있다고 했다.

글에도 주인이 있는 것 같다. 보고서도 읽지 않기도 하고 읽어도 건성으로 읽기도 한다. 바쁜 일상에 남의 글을 읽기가 쉽지 않다. 그래도 주인이 알아보는 글은 힘을 지니게 된다.

자신이 쓴 글은 자신이 가장 많이 읽는다. 그래서 긍정적이면서 도전적으로 쓴다. 그게 곧 내가 취해야 할 인생의 태도이기에 그렇게 쓰고 그렇게 읽고 그렇게 행동한다. 뜻이 분명하고 뚜렷한 목표를 미리 세운다면 지나는 세월이 밋밋하지 않을 것이다.

연간 계획에서 분기로 다시 월간으로 주간 목표로 귀결된다. 스스로 세운 목표는 주어진 목표보다 더 강한 추진력을 갖는다. 매일 운동, 매일 독서, 매일 영업이 지속되는 이유일 것이다.

재무 철학

적어도 투자를 한다고 할 때는 잘 될 것이라는 확신을 하지 않는다. 반면에 기대에 못 미칠 수도 있다는 생각으로 소액을 꾸준하게 편안하게 한다. 주식시장의 오르내림이 심기를 건드리지 못하게 한다. 대신에 영업 활동으로 버는 돈이 가장 확실하고 가치있다고 생각한다. 이것도 한참 후에 알았다.

달리기

　며칠 전 작은아들이 체지방을 재는 인바디 기계를 구입했다. 나도 측정을 해보았다. 근육 양과 체지방의 불균형이 심각하게 나온다.

　마라톤 연습을 한창 하던 시절과 몸매가 달라진 것은 맞지만, 골프 연습으로 위안을 삼았었는데 효력이 적은 것 같다. 책을 읽는다는 이유로 너무 오래 앉아 있는 일상도 과다 체지방에 영향을 주었다.

　조깅 팬츠와 셔츠 그리고 운동화와 모자를 다시 꺼냈다. 달리기를 멈춘 지도 2년이 넘었다. 마침 달리기 좋은 계절이다. 10km 단축 마라톤에 접수를 하고 연습을 시작했다.

　동수영중학교 운동장이 나의 오랜 훈련 장소이다. 산 밑에 있어 언제든 산으로 오를 수도 있고, 아파트와 가까워 제격이다. 1km를 달렸다. 다행히 무릎에는 이상 신호가 없다. 아침 6~7시를 훈련 시간으로 정했다.

정신과 몸은 서로 영향을 주고받는다. 기분 좋은 긴장감을 느끼는 삶을 살고자 하면 몸의 상태도 정돈이 되어야 한다. 최소한 10km는 가벼운 마음으로 달릴 수 있는 체력을 만들어 보자.

5월, 어쩌면 가장 활동하기 좋은 계절이다. 잊고 있었던 소소한 자신과의 약속을 실행하기 알맞다. 적어도 날씨 핑계는 없을 것 아닌가. 만나고 싶은 사람도, 읽고 싶은 책도, 여행하고 싶은 지역도, 미루던 운동도….

재무 철학

금리가 오르면 대출이자 부담이 늘어난다. 레버리지의 위험이 커지는 것이다. 대출이자는 물론 물가도 오르는 반면 수입은 오히려 정체되거나 후퇴할 가능성이 높아진다. 소비성 지출 항목을 엄격하게 관리하여 생활이 흔들리지 않도록 해야 한다.

나는 달린다

    5시 지나는 어둑한 바깥에 짹짹거리는 새들이 기상 노래를 부른다. 다투는 것일까? 상의하는 것일까? 주인은 아니지만 나의 보물들이다.

    일주일째 달리기 연습을 6시부터 하고 있다. 허벅지 안쪽이 아프다. 그래도 며칠 더 달리면 없어진다. 경험으로 안다. 제대로 하는 운동은 통증을 수반한다. 아픈 곳이 있어야 건강을 의식하듯이!

    달리기 연습의 기준이다. 1) 매일 달린다. 2) 어제보다 멀리 달린다. 요쉬카 피셔 著『나는 달린다』를 교본으로 배웠다. 매일 연습하는 사람을 이길 수 없다. 이번 주는 인터벌 연습을 한다.

    걸을 때의 기분이 정靜이라 하면 달릴 때는 광狂이다. 온몸을 흥분시키고 싶다면 달리기가 제격이다. 숨이 끊어질 듯 가슴이 터질 듯 허벅지가 떨리는 그 쾌감을 느끼고 싶다면 달리자.

    남의 시선이 걱정되는가? 내가 아무도 신경을 쓰지 않듯이 남도 그렇다. 유니폼이 없는가? 집에서 입는 그 차림에 운동화만 신으면 된다. 이 몸으로 어떻게? 달리면 그 몸 타령 점차 가신다.

꼭 달리기만 답인가? 절대 그렇지 않다. 호흡이 거칠어지는 운동이라면 다 좋다. 먹는 약의 종류와 양이 늘어나는 나이이다. 운동하기 좋은 계절을 쉬이 보내지 않도록 다짐한다.

재무 철학

수입을 늘리기보다는 소비 지출을 줄이자. 여유가 있다면 일을 더 하기 보다는 꽃밭을 가꾸듯 삶을 가꾸자. 세태를 좇으면 끝도 없이 피곤하다. 끝없이 더 잘 먹고 더 많이 벌겠다 하다가는 자신을 잃는 경우를 피하지 못할 수도 있다.

일상 日常

    비 내리는 아침이 아니면 달리기 연습을 한다. 짧은 시간 내에 운동 효과를 내는 데 100미터 달리기 연습이 적합하다. 속력을 낼 때 넘어지지 않도록 몸의 균형을 잡는 연습도 하는 셈이다. 그리고 철봉에 매달린다. 도올 선생은 철봉에 매달려 주기도문을 다 외운다고 한다. 아직 그 시간까지는 버티지 못하지만 좋아지고 있다.

    기억보다 기록이 더 정확하고 힘이 된다. 메모 충동이 생기는 아이디어가 떠오르면 그 순간을 무심코 넘기지 않는다. 체중 조절도 달리기도 골프도 독서도 기록이 뒷받침되어야 효과적이다. 가정의 재정자립 역시 가계부 기록에서 시작된다.

    3년 차 음악은 집중도를 유지하기가 쉽지 않다. 음악이 손에 잡히거나 눈에 보이는 것이 아니기 때문이다. 그래도 가이드북에 따라 서당 개 풍월 읊듯이 진행하고 있다. 문화회관의 프로그램에 관심을 갖게 되고 연주, 노래 등에 주의를 기울인다.

결혼 적령기 아들이 두 명 있다 보니 젊은이들의 혼사 문제를 눈여겨보게 된다. 주택과 육아 문제가 큰 걸림돌이다. 많은 대출을 안고 시작해야 하는 모습에 마음이 무겁다. 사랑이 기성세대의 기우를 뛰어 넘고 아름답게 피어나길 바란다.

세 끼 식사처럼 매일 반복해야 하는 것을 잘 하는 것만으로도 그 인생은 빛이 날 것이다. 흡연과 음주 그리고 수면도 그렇다. 그런데 이것들을 쉽게 생각하고 노력이나 주의를 기울이지 않는다. 어쩔 수 없이 매일 반복되는 것들에 의미와 의지를 부여하고 행하자.

재무 철학

사랑에 돈이 끼어들면 그 사랑도 현실적 한계를 갖게 된다. 그렇다고 사랑에 돈을 문제로 삼지 않는다면 한낱 욕망으로 끝날 공산이 크다. 사랑에 돈이 언급되거든 피하지 말고 지배되지도 말라.

바쁜 일상

수영장을 다녀왔다. 무턱대고 시작했지만 잘 적응하고 있다. 적당한 피로와 재미가 있다. 몇 번 더 가면 25미터는 갈 수 있겠다. 숨 쉬는 것이 쉽지 않다.

집안이 잡동사니로 늘 불편했다. 불필요한 것을 버리니 공간이 넓어지고 구석진 곳도 밝아져 기분도 덩달아 좋다. 망설여질 때는 버리는 쪽으로 결정한다. 근데 아내의 허락이 먼저다.

나이가 드니 일을 계속 할 수 있다는 점이 다행이라는 생각이다. 길어지는 수명에 오십 대에 퇴직을 하면 공백 기간이 너무 길다. 돈을 떠나 일이 없으면 쉬는 것도 그렇게 즐겁지 않다.

제대로 쉬기 위해서라도 일이 필요하다. 젊을수록 일에 매달려야 한다. 퇴직 후에도 내 일이 되도록 1인 경영자의 마음을 가져야 한다. 뒤늦게 철들어 지난 세월을 아쉬워하는 꼰대의 말이다.

봉하 마을과 주남 저수지를 다녀왔다. 봉하는 이제 고향 같은 느낌이다. 노통을 추념하고 가족 박석을 찾아보았다. 부엉이 바위가 유난히 눈에 든다. 노통의 육성은 지금도 몇 번씩이나 울컥하게 한다.

주남 저수지는 흐린 날씨에 더 어울렸다. 산책로는 낙동강 둑길만큼이나 좋았다. 집에서 논스톱 1시간 거리이다. 가벼운 마음으로 광활한 저수지 둘레를 산책하기에 좋아 다음을 또 기약했다.

재무 철학

나이가 들수록 현금 흐름이 중요하다. 현금 흐름 재원은 연금, 배당금, 이자, 임대료 등이 있다. 현금 수입은 늘리고 현금 지출은 줄여야 한다. 수입을 늘리는 것은 어렵다. 지출을 통제하는 수밖에 없다. 그 방법으로 승용차를 없앴다는 분이 있다.

맨발 걷기

 한 주간이 금세 지난다. 나이만큼 빨라진다더니 갈수록 더 그럴 것이다. 그러다 흐르는 시간에 체념하거나 단념하게 되는 노년을 받아들일 수밖에 없다. 다시 말해 시간을 관리하고 계획하는 것을 포기하는 순간부터 그야말로 노후가 시작된다.

 매일 아침 달린다. 100미터 남짓 거리를 왕복한다. 달리기는 체력의 기본이다. 언뜻 다리 힘으로 달리는 것 같지만 실제는 오장육부의 힘으로 달린다. 전신의 힘으로 뛰는 것인데 최근 달라진 것은 땅이 흔들리는 느낌이 든다는 것이다. 나이나 체력에 비해 힘겨운 욕심을 내고 있다.

 평일 운동은 맨발 걷기로 마친다. 무엇에 좋은지는 몰라도 계속하면 변화를 감지할 수 있으리라. 일요일에 두 번째로 뒷산을 맨발로 한 바퀴 걸었다. 발바닥에 불이 난 듯이 후끈했다. 그런데 묘한 쾌감이 있다. 낯선 감각을 계발한다는 생각으로 주말마다 해 보자.

매주 1,300여 명의 고객들에게 이 같은 에세이를 보내고 있다. 10년도 더 지났다. 내 일상을 소개하거나 운동이며 책이며 일찍 일어나는 것 등에 대한 단순한 내용이 대부분이다.

　읽히기를 바라기보다는 담당 FC가 활동을 하고 있다는 의미 전달이 목적이다. 덕분에 고객과의 소통에 도움이 되고 있는 것 같다.

재무 철학

물가가 많이 올랐다는 말은 소득이 줄었다는 의미이다. 씀씀이는 늘고 수입은 줄어든다면 결과는 파산이다. 수입은 내 마음대로 안 된다. 할 수 있다면 지출을 줄이는 것이다. 풍요에 길든 습성의 저항이 만만치 않다. 결국 내면의 문제이다.

33초

대회날 아침, 이렇게 좋은 아침 날씨도 드물다. 주말에 세탁한 팬츠와 신발을 신고 대회장으로 출발했다. 이틀간 푹 쉬었기에 컨디션도 좋아 작년 기록을 1분 이상 앞당길 수 있을 것 같다.

주위를 둘러보니 모두가 젊은이들이다. 이렇게 많은 젊은 남녀 친구들이 마라톤을 즐긴다는 게 놀라웠다. 세대교체가 이루어졌구나 하는 생각에 가슴 한편이 서늘하다.

출발부터 동일한 속도로 달린다는 다짐을 했다. 광안대교 상판에는 바람도 없고 바다는 아침 햇살에 반짝인다. 최적의 달리기 환경이 마련되었다. 50분 페이스메이커는 엄두가 나지 않아 55분 쪽에 멀찌감치 섰다.

반환점 격인 5km 음용수대까지는 아슬아슬하게 페이스메이커에 따라 붙었다. 근데 6km부터 점차 간격이 벌어지기 시작하더니 8km 지점에서 눈에서 놓치고 말았다. 연습하던 구간이라 마감을 잘 할 것 같았지만 막판 스퍼트는 옛말이 되고 말았다.

33초! 작년보다 기록이 앞당겨졌다. 그래도 무척 아쉬웠다. 그래! 이 정도가 내 최고치이다. 이전에는 여기까지 온 적이 없었다. 잠시 숨을 돌리니 언제 달렸나 싶다. 완주한 젊은이들이 사진을 찍고 와자지껄 즐기고 있다. 이방인이 된 느낌이 들었다.

왜 달리는가 물었다. 나 자신을 찾으러 달린다고 답했다. 답을 얻지 못할 것이라는 것도 알지만 마라톤만큼 진지한 노력도 드물다. 군중 속에서 고독을 즐긴 하루였다. 한 잔의 에스프레소처럼!

재무 철학

돈이 부족해도 사람은 살 수 있다. 돈이 있어도 불행한 사람이 있다. 사람은 누구나 돈을 쫓으며 산다. 아무리 작은 돈이라도 힘을 갖고 있다. 과시해도 안 되지만 낭비하는 것도 화를 자초한다.

산길 한 바퀴

　동창이 밝아 온다. 꿩소리가 활기차다. 야성이 불끈한다. 책을 덮고 운동화를 신는다. 헉헉거리며 터질 듯한 심장을 안고 산을 뛰어오르고 싶은 날이다. 봄산이 나를 불러낸다.

　산길 200여 미터를 뛰어오르니 숨이 차다. 저만치 산할아버지의 뒷모습이 보인다. 고함을 지른다. 청력이 약한 할아버지를 향한 반가움의 표시다. 바로 뒤에 가서야 돌아보시며 엄지척을 하신다.

　한동안 산에 보이지 않아 약방에 직접 찾아갔었다. 잠을 자지 못해 힘들다 하며 회복이 되면 산에서 보자고 하셨다. 80세에 엔진 꺼지듯 주저앉아 겨우 일어서니 86세에 다시 한번 허망해지더라며 이제 겨우 정신을 차려 산에 왔다 하신다.

　성함도 모른다. 단지 50년째 동네 어귀에서 약방을 하신다는 사실을 우연히 지나다 알게 되었다. 사진 한 장이라도 남겨야겠다는 생각에 말씀드렸더니 좋다고 하신다.

간간이 만나는 등산객이 반갑다. 누구든 큰 소리로 인사를 한다. 대부분 혼자 산행길이다. 세상 한 짐을 산에 부려놓으려 오를 것이다. 이미 내려오는 사람들의 얼굴은 밝고 인사에 반응한다.

밤새 누가 꽃을 뿌려 놓았다. 이 허접한 인생이 무슨 면목으로 꽃길을 사뿐히 즈려밟을 수 있겠나! 까치발로 지난다. 동백의 묘미다. 꽃잎이 아닌 꽃이 무더기로 뚝뚝 떨어져 있다. 나도 벚꽃처럼 흩날리지 말고 동백처럼 어느 한순간 뚝 떠날 수 있기를 바란다.

가파른 오르막이다. 기다시피 뛴다. 마음은 뛰고 몸은 땅에 점점 붙는다. 늦은 꽃들이 반갑다. 마치 산객들을 환영하듯 줄지어 핀 모습에 위안이 된다.

재무 철학

욕심이 화를 부른다. 욕심 좀 내면 어떤가? 할지라도 욕심을 삼가자. 욕심은 자기 능력 이상으로 이득을 취하려고 하는 심리상태이다.

목표를 달성하자

    운동장은 어둑하지만 시원한 날씨에 운동하러 나온 사람들이 많다. 뛰는 사람도 있고 맨발로 걷거나 철봉에 매달리는 사람도 여럿이다. 지금처럼 운동하기 좋은 날씨도 쉽지 않다.

    각종 모임들이 앞다투어 일정을 내세운다. 어찌 나이가 들수록 더 바빠지는지 아리송하다. 조용하면 뭔가 잘못되고 있다는 의구심마저 생긴다. 그럼에도 해야 할 일들을 마무리해야 한다.

    시작은 누구나 한다. 그러나 끝까지 초점을 잃지 않는 사람은 드물다. 목표는 자신의 존재를 확인하는 도구이다. 삶에 무슨 이유가 있고 의미가 있겠나. 하지만 그것을 의식하지 않으면 생각하는 사람으로서 그 어떤 생물보다 덧없고 허무하게 된다.

    어울려 살아가는 사회에서 남을 의식하지 않을 수 없지만 누구보다 자신을 의식해야 한다. 그렇게 하려고 하면 생각해야 하고 생각하게 되면 목표를 갖게 된다. 나이에 관계없이 은퇴 여부와 상관없이 목표를 지니게 되면 자신의 모든 세포가 관심을 갖는다.

누군가 내 글을 읽겠지만 기대는 크지 않다. 나 자신을 위해 쓴다. 비록 투박한 글이라도 생각하지 않으면 쓸 수 없다. 오직 나 자신을 생각한다. 어떻게 하면 다르게 새롭게 꾸준하게 창의적으로 살 것인가에 대한 자문자답이다.

재무 철학

돈이 없으면 불편한 것은 물론이고 원치 않는 삶을 살 수도 있다. 번 돈을 아껴라. "그런 푼돈 아껴 뭘 하겠나?"라고 말하지 마라. 삶에 대한 철학이 푼돈만큼 있는 사람이 그렇게 말한다. 돈이 모이면 없던 힘도 생기게 한다. 목표 금액을 정하고 시작하자.

3
높은 자존감은 재정 자립의 주춧돌이다

힘겨운 삶을 사는 지혜는 자신에게 집중하는 것이다. 세상은 차치하고 자신의 삶을 밝게 보는 것이다.

철이 든다는 것

자신에게 집중하고
한없이 관대하라

끝없어 보이는 일생 동안
스스로 거는 주문 같은 것이다

숱한 경험과 헛심에서 우러난 것이라
쓴맛과 짠맛이 짙게 배어 있다

특히 자신과 분리될 수 없는 것들
건강과 가족 그리고 지금 하는 일

자신에게 주목하라는 말

어려운 말도 틀린 말도 아니다

철이 든다는 말
겉돌던 자신에게 돌아온다는 뜻

재무 철학

젊은이는 재물의 축척보다 자신의 성장에 집중해야 한다. 가정을 이루거든 가족에게 집중하고, 늙어서는 자신의 안식을 위해 사는 것이 옳겠다.

숫자로 판단

새벽으로 제법 쌀쌀하고 어둑하다. 운동장을 뛰는 리듬이 많이 좋아졌다. 100미터 달리기와 운동장 돌기 그리고 역기 들기와 철봉에 매달리기 순서로 진행한다.

뻐근한 두 다리와 두 팔의 느낌이 좋다. 이 느낌 때문에 매일 운동장을 찾는다. 영하로 내려가면 아침 운동을 쉴 생각이다. 8일부터 불가佛家에서는 동안거에 들어간다. 3개월 동안 외부 활동을 자제하고 공부에 정진한다. 나는 어떻게 보낼까 고민한다.

사람은 이익보다 손해에 민감하다. 긍정보다 부정에 더 예민하다. 세상이 늘 조용하면 이상하지 않을까! 사건 사고가 쉼 없이 일어나는 현실에 살고 있고 그런 현상을 받아들이며 산다.

쉬운 부정 감정보다 애가 쓰이더라도 긍정 감정을 갖는 것이 현명하다. 어떤 부정 속에서도 긍정을 찾을 수 있다. 해석은 자신의 의지에 달렸다. 좋게 보면 좋고 나쁘게 보면 나쁘게 보이는 현상이 우리에게 있다.

또한 숫자로 표시 가능한 것은 대체로 숫자로 따져 판단하자. 각박한 면이 없지 않지만 허황한 금전적 실수를 예방한다. 이 나이에 와서 돌아보면 반성할 대목이 많다.

재무 철학

숫자로 판단하는 습관을 지니자. 정실情實에 이끌려 결정하는 우愚를 범하지 않도록 하자. 인간 삶 속에서 피할 수 없다 하더라도 그릇된 판단의 횟수를 줄여야 한다. 한 번 실수를 회복하는 데 드는 시간은 막대하다. 쪽박은 한 순간의 유혹에 흔들린 결과이다.

퍼센트로 생각하자

매미 소리는 온데간데없고 귀뚜라미 소리 가득한 가을이다. 큰 바람 소식도 있고 추석도 목전이라 마음이 싱숭생숭하다.

살이 빠진 것 같다고 한다. 기대했던 뱃살은 안 빠지고 얼굴부터 핼쑥하다. 이 가을 내내 아침 달리기를 계속한다면 70Kg대에 안착할 것으로 보인다.

1. 실손 보험의 보험료 인상으로 고민하는 분들이 있다. '실손 전환' 제도를 이용하면 된다. 혹시나 해서 가입하는 보험료가 매월 부담이 된다면 전환을 적극 검토할 필요가 있다.

2. 전쟁 등 국제적 여건으로 투자 세계가 어수선하지만 장기적으로 납입하는 적립식 펀드형 상품은 납입을 계속해야 한다.

3. 직접 주식 투자를 하는 사람은 우량 배당주를 매수하여 주가 하락 때 배당이라도 챙겨야 한다. 약 연 7% 배당주도 더러 있다.

4. 경기가 어려울수록 불법이 아님을 강조하는 온갖 사기가 높은 수익률을 앞세워 횡행한다. 달콤한 유혹을 경계하자.

읽고 있는 시집은 홍해리 시인의 『마음이 지워지다』이다. 치매 아내를 돌보는 시인이 체험을 시로 기록했다. 치매 환자를 직접 겪어 보지 못했지만 실감이 났다. 황혼 이혼을 예사로 들먹이는 시대에 노시인의 절절한 시들은 내 짝을 되돌아보게 한다.

재무 철학

20~30년간 매달 납부하는 보험료의 압박은 젊었을 때 느끼는 것과는 달리 50대 후반부터는 내리누르는 바위와 같다. 보험료의 크기와 납입 기간은 은퇴 시점을 결정하는 데 상당한 걸림돌이 된다. 갱신형 상품이 문제가 되는 것은 이 때문이다.

주인으로

새 달력을 보면 인생이 새롭게 시작되는 듯하다. 습관처럼 목표를 설정하고 도전하던 시기가 있었다. 잠을 줄이고 시간을 쪼개고 한 사람이라도 더 만나야 전쟁 같은 하루가 끝났다.

젊어서는 그래야 한다고 생각한다. 하산의 초입에 선 지금은 목표를 정해서 의지가 몸을 밀어붙이기보다 몸이 허락하는 만큼 나아가려 한다. 이 산 저 산 넘어온 관록이 그렇게 해도 된다고 한다.

독서도 몇백 권을 읽겠다가 아니라 한 권을 꼭꼭 씹어 읽고자 한다. 얼마를 벌어야 한다가 아니라 수입 범위 내에서 쓰려고 한다.

새 사람을 사귀는 것보다 연락이 오고 가는 사람과 더 인간적으로 소통하고 싶다. 남과 돈독한 관계보다 나 자신과 더 친하게 지내고 싶다. 좋아하고, 하고 싶은 것은 무엇인지 자주 묻고 싶다.

그래도 의욕이 남는다면 한결같은 사무실과 골방 분위기를 일신하고 싶다. 나 자신을 담는 그릇임에도 생활에 지장이 없으면 방치

해 왔다. 변화의 첫 단계로 사용하지 않는 것은 버린다.

 젊은이들은 열정적으로 세상을 향해 달려들어야 하지만, 사회의 격변에 의연해야 할 나이다. 세상의 주인은 내가 아니더라. 나 자신의 주인 행세도 제대로 못 했다. 주인으로 새해를 열어보자.

재무 철학

신용이 자산이다. 각종 앱에서 자신의 신용도를 알 수 있다. 1등급은 못 되더라도 3~4등급 이상은 유지해야 한다. 젊을수록 아래 등급인 7~8등급이 많다. 자신의 신용도를 관리해야 한다.

노년의 품격

흐릿한 날씨에 간간이 빗방울 떨어지는 산길을 아내와 함께 걸었다. 한창 물오른 봄 산의 짙은 연둣빛 산기슭이 한 폭의 그림처럼 펼쳐진다. 자연의 무한한 은혜를 누리는 산책이다.

산길을 걸으면 누구나 심성이 착해지겠다는 생각이 문득 든다. 한때는 땀을 흘리는 꾸준한 운동이, 어떤 때는 독서 습관이 사람을 착하게 만들 것이라는 생각을 했다. 산책과 운동과 독서. 사람이 사는 데 귀한 자산이다.

요즘은 오디오북으로 예전에 읽었던 나의 고전들을 빠르게 듣고 있다. 책을 읽을 때의 그 감동을 되살리고 싶다. 걸으면서, 지하철 안에서, 사람을 기다리는 동안 할 수 있는 최고의 방법이라는 생각이 든다.

가끔 만나는 분 중에 70~80대가 더러 계신다. 10년, 20년 후의 내 모습을 지금 만나는 것이니 각별하게 대한다. 그분들은 늘 존대하는 말투를 사용하신다. 건강하시고 표정 또한 늘 온화하시다.

노년의 품격은 재정적 안정이라는 바탕에 영향을 많이 받는다. 그러나 인생의 중요한 가치를 너무 늦게 깨닫는 습성을 되풀이하며 살아왔다. 내 호주머니 돈의 소중함이 그것이다.

아들 내외가 손자를 데리고 집에 왔다. 대화 중에 국민연금 개혁안에 대한 이야기가 있었다. 젊은 친구들은 국민연금을 받을 수 있을지에 대해 강한 의문을 가지고 있다. 어찌하지 못하는 문제이니 스스로 노후를 준비하라고 말했다. 소액이라도 복리의 원리를 바탕으로 초장기 투자를 해야 하고 은퇴 계좌는 중도 인출하거나 해약해서는 절대로 안 된다고 했다.

재무 철학

돈을 버는 시기는 한정되어 있다. 반면 지출 시기는 끝이 없다. 그 돈이 어떻게 내 손에 들어왔든 지출은 매우 신중해야 한다. 소 잃고 외양간 고친다는 속담의 의미는 돈의 세계에도 통한다.

재정 자립의 주춧돌

지난 일주일은 오른쪽 어깨 주변에 통증이 있어 골프 연습이나 철봉, 역기를 하지 못하고 뜀박질만 했다. 가라앉겠지 했는데 차도가 없어 병원에 가서 치료를 받아야겠다.

잘 지내다가 까딱하면 아픈 곳이 생긴다. 아프지 않을 때가 없는 나이라고 하니 새삼 조심조심하고, 웬만큼 아프면 병원 쫓아가고, 이런저런 증상에 그리 마음 두지 않는 편으로 살고자 한다.

한 해의 끝이 보이면 무언가를 이루거나 마무리하겠다는 갈망이 생긴다. 한 해의 스케줄을 돌아보니 업무적으로는 기대에 부응하는 수준이나 일신상에 관한 부분은 갈증이 여전히 심하다.

살아오면서 어렵지 않았던 해가 한 번도 없었다. 올해 역시 모두 죽을상이다. 굿 뉴스보다 힘들어질 것이라는 보도가 쏟아진다. 그러나 개인의 삶은 자신에게 책임이 있다는 사회에 살고 있다.

힘겨운 삶을 사는 지혜가 어떤 게 있을까? 범위를 좁혀 자신에게 집중하라고 권하고 싶다. 세상은 차치하고 자신의 삶을 밝게 보는 것이다. 작은 것이라도 자신의 결심을 소중히 실천하고 응원하는 것이다. 올해 초에 한 결심을 떠올리며 내달려 보자.

11월부터 법률 관련 책을 읽기 시작하고 철학 서적도 계속 읽고 있다. 4시부터 철학-법률-시-영어 순으로 읽는다. 독서를 하면 일상이 확실히 달라진다. 마치 가야 할 길이 보이는 듯해진다.

재무 철학

자존감(자신을 소중하게 여기는 마음)이 낮을수록 소비를 많이 한다고 한다. 허약한 자존감을 물질로 채우려 하기 때문이다. 높은 자존감은 재정 자립의 주춧돌이다. 독서는 자존감을 높인다.

10년 후 내 모습

 궂은 날씨이지만 봄은 완연하다. 매화는 절정이고 강변에는 쑥이 고개를 내민다. 사람들의 표정과 발걸음에서도 밝은 기운이 느껴진다. 봄은 확실히 만물에 활기를 불어넣어 들뜨게 한다.
 머니 코칭 강사 수업을 받고 있다. 사람은 잘 바뀌지 않는다. 돈에 대한 관념도 바뀌지 않는다. 이런 점에 착안하여 자신의 돈에 대한 타입과 장단점을 확인하고 수정과 보완해 가는 과정을 코칭한다.
 다음 달부터 국민연금이 나온다. 드디어 연금 세대로 접어든다. 이참에 재정적인 면에서 올해를 변곡점으로 삼아 돈에서 한두 걸음을 물러설 참이다. 검소한 의식주를 결심하면 가능할 것이다.
 상담하다 보면 치료 이력이 없는 중년 이후 사람을 찾기 어렵다. 더구나 노인 중에는 계단만 봐도 겁을 내기도 한다. 젊은 날의 건강관리는 20~30년 후의 삶의 질을 결정한다는 사실을 알아야 한다.
 수명이 20년 이전보다 길어졌고, 더 길어질 것이다. 장수하기 싫어도 오래 살게 된다. 10~20년 후 자신의 모습을 주변에서 얼마든지 찾을 수 있다. '저 사람이 10년 후의 내 모습이구나' 하고 자주 혼잣말을 한다. 방만하게 사는 나를 추스른다.

매일 아침 친구와 짧은 글을 주고받는다. 고등학생 때부터 그의 글은 가슴을 뛰게 할 만큼 필력이 대단했다. 설익은 내 글에 그의 답글은 항상 진지하다. 그는 지금 한창 동양 고전에 빠져 있는 듯하다.

재무 철학

누구나 결과를 두고 부러워하고 비판하고 아쉬워한다. 그러나 결과는 원인과 과정이 선결되어야 한다. 남들이 돈을 잃거나 벌었다고 하면 언제 어디서 무엇을 어떻게 했는지 질문을 해 보자.

한 번에 하나씩

　골방 창밖 산기슭에 벚꽃이 한창 피고 있다. 새파란 잡목을 배경으로 더욱 화사하게 빛난다. 사는 공간에 가치를 더해 주는 듯하고, 자연을 이웃해 사는 삶을 동경하는 본성이 깨어난다.
　읽고 있는 책이나 주간 리뷰가 다분히 종교적이고 철학적인 내용이 주를 이룬다. 이것도 나이와 무관하지 않을 것이다.
　칼릴지브란의 『예언자』는 언제 읽어도 세뇌洗腦로 깡마른 가슴을 부풀게 하는 명작이다. 도올 선생의 『달라이라마와 도올의 만남』 1, 2, 3권도 빨아들이는 힘이 장난이 아니다. 게세코 폰 뤼프케가 지은 '전혀 다른 방식으로 세상을 바꾸는 대안 노벨상 수상자들 이야기' 『희망을 찾는가』는 남은 삶 동안 주요 관심사가 될 것 같다. 독서는 삶의 나침반과 같다.
　틱낫한 스님 리뷰를 마쳤다. 유영모 선생님을 떠올리게 했다. 철저한 자기 수양으로 주변에 평화와 안식의 빛을 전하는 모습에 아우

라와 거룩함이 느껴졌다. 실천 과제로 '한 번에 하나씩'을 정했다. 몸과 정신의 분리가 아닌 일치가 곧 평화요 행복이다.

주말마다 일정이 빽빽한 4월이다. 널널한 일정에 되레 늘어지는 성격상 즐거운 긴장감이 감돈다. 경험의 힘인지 무슨 일이든 해야 한다면 기꺼이 나선다. 이 나이에 찾아드는 생각을 믿지 못할 것이 있는가! 나 자신을 믿는다.

재무 철학

아내가 "몸은 속이지 못한다."고 했다. 평소 삶이 몸으로 그대로 나타난다는 뜻이다. 돈도 그렇다. 돈에 대한 불분명하고 부정적인 생각이 훗날 재정 상황에 반영된다. 돈을 긍정적으로 생각한다면 아낄 것이고, 소중히 다룰 것이고, 쉽게 내놓지 않을 것이다.

소비 지출을 줄이자

　골방에서 책을 읽거나 무슨 궁리를 하다가 집중력이 흐트러지면 창가로 간다. 방충망까지 열고 바람에 출렁이는 우거진 숲을 바라본다. 짙은 녹음이 새소리를 빌려 전한다. 쉬라고!

　출근한다는 생각은 있어도 일한다는 심적 부담감은 없다. 전혀 그렇지 않은 것은 아닐지라도 스스로 계획한 대로 가고 오고, 하고 하지 않고를 알아서 한다. 시켜서 하면 노동이지만 스스로 하면 놀이가 될 수 있다. 은행을 다니던 시절에 깨달았다.

　안 되는 일이나 힘에 버거운 일은 바로 포기하거나 목표를 수정한다. 조금만 노력하면 할 수 있는 일을 목표로 정한다. 그래서 열패감을 느껴본 적은 없다. 동년배들과 고만고만했다.

　아내와 공원을 걷고 왔다. 부쩍 어린 아이들이 눈에 들어온다. 8월이면 할아버지가 된다. 속사람이 마음의 준비를 시키는 모양이다. 아이는 제 알아서 큰다는 내 생각을 아들 내외는 이해할까!

기후를 걱정하고 환경에 대한 관심이 높아지고 있다. 텀블러 사용을 일상화했다. 일회용 사용을 억제하려고 하지만 정말 쉽지 않다. 모든 생필품이 일회용으로 변하고 있다. 어떻게 해야 하나?

8권의 책을 동시에 읽고 있다. 그저 틈나면 이 책 저 책 들추는 어쭙잖은 독서 방식에 젖었다. 8명의 저자와 틈틈이 대화한다고 억지로 변명을 해본다. 싫지 않다.

공원을 찾는 사람의 7~8할이 초로의 사람들이다. 앞서 가는 사람의 걸음걸이를 보거나 옷차림을 보고 나이를 짐작해 본다. 불안한 걸음걸이 모습을 보며 나를 보는 듯하여 허리를 펴고 고개를 든다. 젊었을 때 챙겨야 하는 것이 건강이다.

재무 철학

지금 같은 시기에 십만 원이나 백만 원이 무슨 돈 가치가 있냐고 하지만, 그 돈이 호주머니에 있는 사람과 없는 사람은 걸음걸이가 다르다. 적은 금액이라도 홀대해서는 안 되는 것이 돈이다.

일일일사 一日一思 매일 쓰기

젊었을 때부터 요란한 습관이 있다
하고자 하는 것을 겉으로 드러내는 것이다

무엇을 하고 싶고 얼마만큼 하고
어떻게 하려 하고 지금은 무엇을 하고 있는지

남들이 '뭘 그런 걸 다'라고 하는 줄 알지만
그게 나를 독려하는 것이다

스스로를 밀어붙이는 것이 힘겨워
남의 눈치 신세를 지기로 한 것이다

실제 그렇게 해서 이십 년 넘은 세월을

매일같이 살아왔고 가고 있다

짐이라 하면 짐이고
빚이라 하면 빚이다

끝까지 갈 수 있을까 가도 되려나
웅얼거리며 또 한 새벽을 맞이한다

재무 철학

국민연금을 수령하는 친구들이 늘고 있다. 호적 나이 따라 수령 시기는 다르다. 또 수령 금액이 천차만별이다. 수입이 없거나 줄거나 하는 시기에 연금의 부각은 절대적이다. 젊은이들은 염두에 둬야 한다. 불현듯 그 나이 찾아들기 전에!

이런저런 나의 눈

　모처럼 아침 산을 올랐다. 녹음 우거진 산길이 매미 소리로 요란하다. 산책하듯 뛴다. 100미터 달리기 연습과 체중 감량 덕분에 수월하다. 헉헉대며 즐긴다.
　3년 차로 시작한 '음악'은 클래식으로 시작했다. 흘려 듣던 곡들에 대해 알아가는 재미가 쏠쏠하다. 음악 상식을 쌓는 수준이다. 시간이 흐를수록 악기와 노래에 무심했던 지난 젊은 시절이 아쉽다. 젊은이들은 새겨들었으면 한다.
　경제가 안 좋다. 물가가 오르니 더욱 실감이 난다. 안 좋아도 비관하지 않고 좋아도 낙관하지 않는다. 아파도 이만하면 다행이고 안 아프면 감사한다.
　경제는 심리다. 자신의 심리를 살펴야 한다. 조석으로 변하는 언론에 무작정 내맡겨서는 안 된다. 자신이 하는 일에 집중하고 소득 범위 내에서 지출하는 삶이 불황기를 버텨 내는 최선의 선택이다.

읽고 쓰는 것은 선택이 아니고 필수다. 읽는 것은 시야를 넓히는 작업이고 쓰는 것은 자신의 세계를 깊게 만든다. 일단 연필을 쥐면 생각을 하지 않을 수 없다. 아무 생각이 아니라 한 생각으로 좁혀지는 느낌이 시작된다. 쓰는 것은 어렵지 않다. 말하듯이 쓰면 된다. 쓰고 읽어 본다. 고친다. 또 읽는다. 열 번 정도 반복한다.

젊었을 때는 말 잘하는 사람이 부럽다. 나이가 들면 글 잘 쓰는 사람이 더 눈에 띈다. 그렇다고 말도 글도 그 사람인 양 대하면 실수한다. 말과 글과 사람이 다를 때가 많다. 이것을 알아보는 눈이 '나이 눈'이다. 나이가 들면 볼 수 있게 되는 눈이다. 그렇다고 나이에 집착하면 벽창호가 될 수도 있으니 유의해야 한다.

재무 철학

돈을 빌려 주고 받지를 못하는 사례가 종종 있다. 과거에도 그랬고 지금도 그렇고 앞으로도 그럴 것이다. 거듭 신중해야 한다. 지인이 돈을 이야기할 때는 모든 금융기관이 막혔을 때이다. 어설픈 동정의 대가치고는 손실이 엄청 크다. 남의 일이라 생각하지 말자.

마지막 한 주

첫 주는 데일 카네기, 둘째 주는 피터 드러커였다. 이번 셋째 주는 워렌 버핏이다. 1년 동안 유튜브를 활용해 매주 한 사람씩 만나 보는 새해 계획의 하나이다. 작거나 크거나 내 삶에 영향을 준 사람들이다.

새해 계획은 피드백을 근거로 세운다. 올 초에 계획했던 목표에 얼마나 도달했는가를 점검하는 것이다. 달성 여부를 따지는 것이 아니라 해야 할 일을 하지 않았는지, 하지 말아야 할 일을 했는지를 살핀다. 그 착오를 새해 계획에 반영한다.

새해 계획을 확정하고, 그 계획에 부합하지 않는 언행은 자제하고, 관련이 있는 사항을 위해서라면 즐겨 참가한다. 의식주 관련은 줄고 실체가 없는 내용이 많다.

어깨에 대해 몰랐기 때문에 지나친 운동으로 부상을 자초했다. 치아, 무릎, 척추, 어깨, 혈압, 당뇨 등 초로에 닥치는 난관이지만 이런 부분에 대해 배운 적이 없다. 기초 지식만 있어도 피할 수 있었을 것이다.

초로에 접어들면 스스로 공부하고자 하는 마음이 강해진다. 젊어서는 돈 되는 일이 아니면 외면하기도 했다. 이제 돈과 관계없이 배워야 할 것들이 보인다.

돌아보면 돈은 뒤따라오는 것인데 오히려 돈을 좇았다. 워렌 버핏은 돈을 좇은 것이 아니라 불어나는 재미를 추구했다. 검소하게 살았으며 말년에 대부분의 돈을 기부했다. 재미나는 일에 못다 핀 청춘을 즐거이 바치기로 한다.

재무 철학

자신과 자식을 동일 세대로 생각하는 오류에 빠지지 않도록 해야 한다. 세대 차이는 빠르고 간격도 좁다. 아이들의 세대는 전혀 다른 환경(교육, 의료, 소비, 사회보장, 경제 등 모든 면)에서 살게 된다는 점을 인식해야 한다.

10년 후에

언젠가 마쓰시타 고노스케를 리뷰한 후에 매일 하는 일이 생겼다. 뜻밖인데 계속된다. 새벽에 골방 창문을 열고 온몸으로 찬바람을 맞는 일이다. 살갗이 오들오들 떨리지만 참을 만하다. 살짝 수건에 물을 축여 문질러 본다. 정신이 번쩍 든다.

요즈음 프린트 소리를 듣고 있으면 기분이 좋다. 워커홀릭 증상이겠지만 싫지 않다. 어딘가 작은 구멍이 뚫린 것처럼 일이 늘어나고 있다. 매일 반복되는 삶이라 식상해하지 말자. 더 숙련되고 더 새로워지고 있다. 육십이 넘어서야 깨달았다.

매일 걷는 걸음이지만 늘 똑같은 것은 아니다. 신발 뒤축이 닳는 것을 보면 눈에 띄지 않은 변화가 계속 일어난다. 반복되는 삶을 즐기면 어느덧 새로운 삶이 반복되고 있음을 알게 된다.

늘 가까이 있어서 소중함을 잊는다. 햇빛과 신선한 공기와 가족이 그렇다. 지금이 중요하고 눈앞에 있는 사람이 소중하다. 늘 자책

하는 부분이다.

늘 부족하다는 생각에 잡혀 살면 일상이 피곤해진다. 돈은 양이 아니라 철학의 문제다. 10년 후의 삶은 어떨 것인가 적어 보았다. 소박하고 검소한 삶이 결론이다. 돈에 집착할 것이 아니라 마음에, 정신에 더 힘써야 해결될 문제이다.

맛있는 사과를 더 맛있게 먹는 방법은 반쪽으로 쪼개어 나눠 먹는 것이다. 늙어 바라는 삶이 있다면 그런 삶이다. 지성至誠이 있어야 가능한다. 생각하고 또 생각할수록 삶은 살 만해진다.

재무 철학

월급 같은 고정 수입이 있는 사람들은 그 수입이 영원할 것 같은 착각을 한다. 자영업자들은 북적대는 매장이 계속될 것이라 오산한다. 영원할 것 같은, 계속될 것 같은 수입이 있을 때 저축에 힘쓰고, 지금과 다른 기술을 배워야 한다. 생의 아이러니이다.

일상의 재미

주말이 되면 긴장이 풀어지는 탓인지 대낮에도 졸린다. 토론 중에도, 행사 중에도, 식당에서도 졸린다. 약간만 주의가 산만해지면 졸리는 것은 문제이다.

주중에 일에 쫓기기도 하지만 긴장했다는 생각이 들지 않는다. 수백 번 수천 번 해 온 일이니 마음 졸일 일은 거의 없다. 시간이 부족하면 애를 태운다.

약간만 지루하거나 피곤해도 졸리는 것은 재미를 발견하지 못했기 때문이다. 재미는 어디서 오는가? 어떻게 일상에서 재미를 만들 수 있을까? 환경에 구애를 받지 않고 즐거울 수 있을까?

닥친 환경에 깊이 감응하면 즐겁다. 영어 시간에 수학을 생각한다면 괴롭다. 또 몸은 강의실에, 생각은 밖에 있으면 종이 치는 순간까지 좀이 쑤신다.

몸과 정신이 같은 공간에 있다면 몰입을 위한 전제조건은 만들어진 셈이다. 몰입이 되어야 재미가 생긴다. 어떤 환경에서든 몰입하는 테크닉을 터득해야 한다.

마주한 사람이든 장소이든 인생이 재미가 있으려면 영어 시간에 영어하고, 수학 시간에 수학을 하면 된다. 밥 먹을 때는 밥에, 책 읽을 때는 그 내용에 집중하면 된다. 근데 이게 어렵다. 온갖 공상에 사로잡힌다. 공상은 정신이 몸과 분리된 현상이다. 이 순간, 이 장소, 이 시간 몸과 정신을 한곳에 모으는 노력을 해보자.

재무 철학

최근 투자 열풍에 편승해서 나온 투자 관련 책이 많다. 그 책들의 유용성을 언급하기 전에 투자의 시작은 독서이다. 평소 투자 관련 책을 꾸준히 본다는 것은 투자 마인드가 갖추어지고 있다는 의미이다. 높은 수익률을 위해서가 아니라 어처구니없는 실패를 예방하기 위해 읽어야 한다.

금융의 함정

가을은 산길을 앞서 걸어가듯 자국을 곳곳에 남긴다. 산 냄새도 싱그러운 풀 냄새에서 퇴비 냄새로 바뀐다. 햇살은 더욱 뚜렷하게 약해지고 바람도 선선해 조만간 오슬오슬 이마를 스칠 것이다.

얼마 안 있어 찬바람 앞세워 겨울이 성큼 다가오겠지 하다가도 생각을 멈춘다. 시간보다 더 빨리 달려갈 필요가 없다. 지금이 행복하면 앞날도 행복할 것이다. 겨울도 그럴 것이다.

향후 2~3년 경제가 어려울 것이라 한다. 어떻게 해야 하나? 검소와 절제가 답이다. 수입 범위 내에서 소비해야 한다. 근검절약하는 방법을 모르겠다면 책이 아니라 부모에게 물어보라.

신용 대출과 할부와 카드 대출 같은 유혹에 넘어가지 않아야 한다. 리스나 할부 차 구매는 손쉬운 만큼 혹독한 책임을 지게 된다. 남의 돈을 쓴다는 것은 자신의 생명 일부를 맡기는 것이다.

비록 돈이 원하는 만큼 되지 않는다고 해도 일을 손에서 놓지 않아야 한다. 어려움은 끝이 있다. 희망을 가져야 한다. 시련이 없으면 발전도 없다. 나는 어려울 때는 일하는 시간을 늘린다.

살림이 궁핍해지면 마음도 쪼그라진다. 가까운 사람들에게 친절하자. 배우자는 말할 것도 없고 동료나 부딪치는 모든 사람에게 미소를 날리자. 비로소 나도 행복해진다.

재무 철학

금융기관은 온화한 미소를 광고하지만, 힘들어하는 자에게는 가차 없이 법을 동원한 폭력을 행사한다. 20만 원만 내고 신차를 가져가라고 하는 문구는 자선 광고가 아니다. 위장된 낚싯밥일 수 있다.

연말 준비

초겨울 산길은 바삭 말라 있다. 나무들이 미처 떨어내지 못한 메마른 잎들을 매단 채 서 있다. 사각거리는 낙엽이 정겨워 보인다. 산길을 걸으면 정신이 맑아져 무엇이라도 하고 싶은 의욕이 솟는다.

연초와 연말은 사람을 기분 좋게 한다. 연초는 새로운 시작에 들뜬 결심이 그렇고, 연말에는 깔끔한 마무리에 대한 의욕이 그렇다. 지난 경험을 돌이켜 보면 이 기분에 충실히 따르는 것이 좋았다.

지난 11개월을 돌아보면 별다른 변화는 없어 보이지만 마음은 더 깊어지고 단단해져 후회는 없다. 계획하고 노력은 하지만 결과에 연연하지 않고 꾸준히 하는 생활철학을 익힌 탓이다.

언제까지 무엇을 달성하고 이루어야 하는 성과의 개념을 넘어섰다. 사람은 성과가 아니라 지속적인 노력에 의해 성장한다. 속도보다 방향이 중요하다고 하지만 인생은 딱히 바른 방향도 없다. 자신이 내딛는 길을 믿고 자신만의 속도로 가면 된다.

가능한 많은 사람을 만나고 싶다. 그들의 삶의 이야기를 비록 파편적일지라도 듣고 싶다. 의식주의 의미가 없어진 세상에서 모두 어떻게 사는가? 듣다 보면 내년의 삶이 그려질 것 같다.

다소 무거워 보이는 겨울 분위기에 눌린다. 따뜻한 온기를 지닌 마음으로 견뎌보자. 마음의 온도는 컨디션의 영향을 크게 받는다. 추위에 움츠러들지 말고 산보라도 꾸준히 하자.

재무 철학

젊었을 때는 기민하고 영민해야 돈을 버는 줄 알았다. 지금은 무던하고 진솔해야 영업이 된다는 것을 안다. 이것을 아는 데도 참 많은 세월이 필요했다. 젊은이들에게는 잔소리에 불과하겠지만.

은퇴 이후의 삶

초등학교 친구들과 1박 2일 포항 바닷가에서 민박을 했다. 5, 6학년 같은 반으로 40년 이상 반창회를 하고 있다. 은퇴하면 첫 번째로 절실한 것이 자유 시간을 함께 편하게 보낼 수 있고, 무슨 이야기를 하더라도 진심이 느껴지는 친구들이다.

다음으로는 취미다. 골프, 당구, 사진, 등산, 낚시, 배드민턴, 자전거 등 헤아릴 수 없는 종류가 있지만 실력을 갖춘 한 가지 이상 종목은 있어야 한다. 이번에는 낚시에 도통한 친구들이 가자미와 볼락을 잡아 회와 매운탕으로 이틀을 지냈다.

세 번째는 아이러니하게도 일이다. 등산도 낚시도 여행도 골프도 지겨울 때가 온다. 대부분 시간제로 하루 몇 시간이라도 일을 원했다. 일이 없는 삶에 대한 부작용을 느끼고 있었다.

네 번째는 건강이다. 한두 가지 약을 먹고 있지만 건강검진도 주기적으로 하고 조그만 증상에도 곧장 병원으로 달려간다. 대부분 친구들이 운동을 매일같이 한다.

다섯 번째는 연금이다. 대체로 조기 수령을 하고 있다. 국민연금이 소진될 수 있다는 뉴스가 나온 이후에는 수령을 연기하던 분위기에서 조기 수령으로 방향이 급격히 전환된 것 같다.

여섯 번째는 경조사이다. 60대는 부모 사망과 자녀 결혼 등으로 경조사가 집중되는 시기다. 주변 사람들의 경조사 비용에 대한 부담도 만만치 않았다. 자녀 취업과 독립 또한 큰 과제였다.

재무 철학

간혹 있는 예외를 제외하고 나면 자신의 자산 중에 가장 비중이 높은 것은 자신의 직업(노동)으로 번 돈이다. 주식도 좋고, 부동산도 좋지만 자신의 직업을 훼손할 정도가 되어서는 안 된다.

빡세게 5월을!

어느새 초여름 날씨다. 눈코 뜰 새 없던 4월이 지나고 5월이 계절의 여왕으로 싱그럽게 등장한다. 매일 생각대로 산다고 바둥거렸지만 기억 몇 줄 희미한 채 달력 한 장 재빠르게 넘어간다.

4월도 그랬듯이 5월도 내가 내 삶을 사는 것이 아니라 정해지는 약속을 따라 왔다 갔다 하며 살 것이다. 극히 일부분이라도 의지가 허락된다면 몸이 으스러지더라도 빡세게 보내자.

삶이란 지나고 나면 아무런 의미가 없다. 앞으로의 삶만 진정 내 것이고 가치가 있다. 돌아보아 잘잘못을 가리는 것은 허무한 짓이다. 눈앞의 5월에 집중하자.

4월을 뒤로하고 5월을 시작하는 새 마음 새 뜻을 정리하기 위해 수영강 변을 달렸다. 8km를 비교적 가볍게 달려진다. 지금이 최상의 상태이다. 비록 허벅지 위쪽에 통증이 있지만 좋다. 오히려 아무런 통증이 없는 상태가 미덥지 않다.

5월 첫 주에 안동, 대구, 전주, 완주, 담양으로 여행 일정이 있다. 혼자서 하는 여행은 처음이다. 앞으로 잦아질 것이다. 낯선 곳 낯선 사람을 방문하지 않고 어떻게 삶의 현상에 변화를 줄 수 있을까! 뒤늦은 각성이 반갑다.

매사가 순조로울 때가 위험한 때라고 했다. 현 상태가 계속되리라는 착각에 쉽게 빠진다. 반대로 지금이 가장 힘든 시기라 생각한다면 안전한 때라고 할 수 있다. 늘 각오가 되어 있고 대비를 한다. 그래서 삶은 생각에 의해 좌우된다고 하는 것이다.

재무 철학

법으로 규제되지 않는 사기가 판을 친다. 최소한 두 배, 운이 좋으면 다섯 배, 열 배…! 사기인 줄 알면서 사기가 아니라고 우기며 사기를 친다. 사기일지도 모른다고 생각하면서도 사기를 당한다.

깊어 가는 가을

산기슭 색이 점차 바랜다. 매미 소리도 오간 데 없고 간간이 이름 모를 벌레 소리가 찌르르 찌르르 들린다. 언제나 반갑게 맞이하는 가을 햇살이 내리쬐는 고요한 산길을 걷고 싶은 충동에 사로잡힌다.

가을이면 특히 감정 기복이 심해진다. 세상일이야 오늘 다르고 내일 다르게 요란하지만, 이내 일상은 그저 단조롭게 반복됨에도 불구하고 기분의 부침이 심하다. 계절 탓인지 나이 탓인지는 몰라도 자연스러운 현상이다. 가을을 타는 모양이다.

무심하게 살기로 한다. 별스러운 삶은 없다. 매일 하는 일을 매일 같은 사람과 매일 반복할 수 있는 삶이 복되다. 이게 즐거움이고 행복이다. 그것도 남의 간섭이나 눈치 보지 않는다면 최상이다.

지금은 가을 햇살에 고요히 누워있는 창밖의 산기슭을 쳐다보는 것만 해도 좋다. 누렇게 익어가는 들판이면 더없이 좋겠지만 가까이 숲이 있다는 것도 행운이다. 이렇듯 행복은 내 손바닥 안에 있다.

불행하지 않으면 행복한 삶이다. 불행도 생각하기 나름이다. 지나가지 않는 고통이나 괴로움이 어디 있는가! '두고 보면' 안개처럼 모든 것이 사라진다. 누구나 잘 살고 있다는 사실을 깨달아야 한다.

재무 철학

투자의 세계에서는 "아~이제 알 것 같다!" 할 때 조심해야 한다. 워렌 버핏을 들먹일 때는 헛발을 내딛기 직전이다. 욕심은 때로 지식으로, 직관으로 위장해 유혹한다. 사기라는 지뢰밭에 살고 있음을 유념해야 한다. 근검절약이 재정 자립의 첩경이다.

고령 사회

　일 년 중 가장 맑고 기운찬 계절이다. 파란 산천초목을 바라보고만 있어도 의욕이 솟는다. 이 흡족한 마음이 진정한 삶의 에너지이다.

　40년 이상 역사를 가진 모임에서 차기 회장을 맡아 달라고 연락이 왔다. 수용하기로 했다. 이 나이에 드는 생각과 판단을 믿는다.

　친구들과 1박 2일 여행을 다녀왔다. 친구들이 간병 보험에 대해 설명을 요청했다. 부모의 간병 비용에 고민하는 친구도 있었다. 이제 우리들 차례인가 보다.

　노인이 노인을 돌보는 시대에 들어섰다. 60대가 80~90대를 돌봐야 하는 시대이다. 유치원보다 노치원이 더 많아지고 있다. 노인 돌봄 비즈니스가 성장하고 있다.

　직업의 중추 나이대가 30~40대에서 50~60대로 넘어오고 있다. 이러다 평생 일해야 될 판이다. 저출산 고령화는 이미 거대한 파도가 되어 덮치고 있다.

　피할 수 없다면 받아들여야 한다. 투병하는 80~90대 어르신들이 미래의 확연한 나 자신의 모습이다. 건강히 지내다가 잠자듯 죽는 것은 사실상 희망 사항에 가깝다.

　건강할 때 최대한 몸을 아껴야 한다. 잘 아는 자신의 몸을 스스로 간호하며 돌보아야 한다. 스스로 돌보지 않으면 남의 손을 빌리게 된다. 최소한 몸에 나쁜 것은 하지 않아야 한다.

재무 철학

돈을 많이 벌기 위해 아등바등하기보다는 가진 돈에 맞게 검소하게 살아가는 노력을 해 보면 어떨까? 돈을 버는 것보다 아끼는 것이 어렵다는 것은 상식이다. 아끼는 노력 중 최고가 건강을 지키는 것이다. 건강을 잃으면 저축한 것도 잃게 된다.

Short term

　백암에 왔다. 이곳은 한때 많은 사람들로 붐비던 유명 온천 지역이다. 근데 지금은 거의 모두 문을 닫고 기업 연수원 몇 곳이 운영되고 있다. 지역도 생로병사를 피할 수 없구나 싶었다.

　8월이 순식간에 지났다. 9월은 추석도 있어 그 속도감이 더하겠지. 제자리에서 맴도는 것 같은 매일매일이지만 어제와 같지 않은 오늘이 틀림없다. 9, 10, 11월을 묶어 계획하고 도전해 보자.

　주말 걷기를 맨발 걷기로 전환하고 적당한 코스를 물색하려 한다. 남들이 장에 가니 따라 가는 모양새이지만 평소 걷는 걸음이니 별다른 노력이 필요하지 않다. 이왕이면 한적한 코스이면 좋겠다.

　나의 기간에 대한 머니 타입은 Long term(장기) 항목이 Short term(단기)보다 더 경향이 짙게 나왔다. 돈을 사용하는 데 있어 현재의 행복이나 편리보다 미래를 위해 사용하는 징후가 뚜렷하다.

　미래를 위해 현재의 행복을 포기해서는 안 된다는 질책을 자주 받기도 했다. 24년 전에 정한 삶의 준칙 네 번째가 '백 살을 살 것처럼 산다'였다. 혹시라도 백 살까지 살게 되면 심각한 상황이 생길 수 있고 그것에 대비해야 한다는 생각을 했었다.

건강과 노후 생활비가 주요 과제였다. 일찍 죽으면 문제될 것이 없지만, 그렇지 못할 확률이 점점 높아지는 상황에서 Long term에 초점을 맞춰야 했다. 그러나 이제는 60대 중반이다. Short term으로 전환해야 할 때가 왔다. 그래서 백암을 왔다.

재무 철학

10년 후에는 길거리에 노인들로 가득 찰 것이다. 나도 내 친구도 노인이 된다. 수명은 한정이 없고 건강과 의료기술은 날로 좋아지고 있다. 그럼 행복한가? 젊은 날의 판단이 그 답을 결정하게 된다.

가을

밤이 길어지니 새벽이 길어진다. 쌀쌀해진 산바람에 잠기운도 쫓겨난다. 이해하지 못하는 시를 읽고 있는 내가 이해가 안 된다.

오른쪽 어깨는 여전히 만세를 부르지 못하지만, 어느 한구석 아픈 곳이 있다는 사실이 그렇게 나쁘지 않다는 사실을 지난 1년 동안 경험했다. 오히려 내 몸에 대해 더 알게 되고 자신하게 되었다.

알통을 만들고 강변을 달리는 젊은이들이 부쩍 늘어났다. 일상의 스트레스를 떨치기 위해서일까? 꼰대로서 하는 말인데 매일 짬짬이 하는 달리기가 5km, 10km, 하프, 풀코스로 이어져 종래는 인생을 송두리째 바꾸기도 한다. 경험에서 나온 말이다.

가을이다. 한여름 뜨거웠던 심장이 서서히 식어 간다. 반면 정신은 초롱초롱해진다. 글을 쓰고 책을 읽고 생각이 깊어진다. 몇 권의 책이 세상 부러울 것 없게 만든다. 인간도 만물도 영글어 가는 계절!

배당률이 연 7%에 가까운 주식에 매월 조금씩 투자한다. 주가의 변동보다 매 분기마다 늘어나는 배당이 재미있다. 그 배당금으로 그 주식을 다시 매입한다. 이렇게 10년 정도 하면 돈이 되겠다.

모처럼 뒷산을 뛰어오르며 가을 분위기가 든든함으로 느껴졌다. 산길에 핀 몇 송이 꽃들이 숨이 차는 것도 뒷전으로 밀어낸다. 자연에 드는 순간 사람은 변한다. 자신을 응원하는 모습으로!

재무 철학

수입이 끊어지거나 가진 원금이 줄어드는 공포는 실로 크다. 검소한 일상은 어려울수록 빛을 발한다. 하루에 몇 번 지출이 일어나는지 헤아려 보자. 횟수를 제한하거나 줄여보자.

Plan-Do-See

여름이 절정을 지나고 있다. 매미들의 떼창이 점차 사그라지고 있다. 아내와 낙동강 둑길을 걷고 왔다. 뜨거운 한여름에 이 길만큼 근사한 산책로가 있을까!

어제 아침에는 정말 오랜만에 철봉에서 거꾸로 뛰어오르기(?)를 성공했다. 철봉에 몸이 적응하기 시작했다. 철봉은 어깨 통증 없애기, 날갯죽지 힘 기르기, 척추 펴기, 악력 기르기, 균형 잡기, 자신감 기르기 등에 좋다.

어떤 일을 할 때 목표(결과)를 세우고 그 준비 과정을 짠다. 예를 들면 골프 라운드가 정해지면 몇 번 연습장을 가고, 언제 스크린에 가서 그 골프장을 선택해 시뮬레이션 게임을 할 것인지를 계획한다. 그리고 당일 목표를 정한다. 도착 시각, 공 한 개로 소화하기, NO OB, NO TRIPLE, 연속 3회 파 등등.

상담 약속이 잡혔다고 하자. 만나서 무엇을 물어볼 것인지, 무엇을 알려 줄 것인지를 미리 폰에 메모한다. 만나면 메모를 보고 대화를 시작한다. 그리고 헤어지는 시간도 정한다.

읽을 책을 정했다고 하자. 언제까지 읽고, 파악한 내용을 정리할 것인지 여부, 어디까지 공개할 것인가를 미리 정한다.

이렇게 매사에 계획을 하지만 결과의 만족도에 대해서는 무덤덤하다. 항상 다음에 할 때 잘하면 된다고 생각한다. 연습과 준비를 더 하면 그렇게 될 것이라 믿는다.

재무 철학

빚투는 위험하다. 은퇴 시점에 대출이 남아 있다면 재정 리스크가 크다. 대출 이자 이상으로 수익률을 내기는 쉽지 않다. 자산의 크기보다 부채가 없는 사람이 부자다.

산행

산길을 찾았다
갈 길을 헷갈려 하며 습관처럼

바싹 마른 낙엽이 수북하다
나무껍질이 터질 듯이 말라 있다
소나무조차 없었다면 얼마나 황량할까

새해가 보름 남짓 지나는데
벌써 가는 길이 미세 먼지처럼 흐릿하다

변한 것은 딱히 없는데
마음은 왜 이리 어수선한가

소나무 둥치에 등을 지고 눈을 감는다
소란스러운 마음이 잦아든다

어느새 새소리만 간간이 남는다
찬 바람도 잠시 잊는다

나그네의 마음을 아는 것일까
듬직한 위안慰安이 등줄기를 타고 속삭인다
"잘하려고 애쓰지 마라."

재무 철학

20~30년간 매달 납부하는 보험료의 압박은 젊었을 때 느끼는 것과는 달리 50대 후반부터는 내리누르는 바위와 같다. 보험료의 크기와 납입 기간은 은퇴 시점을 결정하는 데 상당한 걸림돌이 된다. 갱신형 상품이 문제가 되는 것은 이 때문이다.

4
자신을 과신하지 않는 것 또한 투자의 기술이다

투자를 하되 매일 들여다보지 않을 정도로 하자. 잃어도 생활에 영향이 없는 범위 내에서 하자.

아버지의 추석

아버지 고맙습니다
잘 버텨내 주서서

머리가 텅 비는 때가 있었다고 하신다
얼마 전 자식들 얼굴이 사라진 적이 있었다고

누구인지 아무리 생각해도 몰라
공책에 적고 적으셨다

깊은 우물 길어 올리듯
겨우 되찾았다고 웃음 띠신다

동공은 빛을 잃어 가고

두 손은 늦가을 나뭇가지 같고

일어서기도 귀찮아하시고
삼키시는 음식도 애기 식사

아들 같지 않은 자식 잊지 않으려고
사투를 벌였다는 공책을 가만히 본다

좁은 집 안 가득 찬 시끌벅적 소리에
소리 나지 않는 아버지 웃음이 들린다

재무 철학

지금까지 선택한 일 중에 후회가 되는 일이 얼마나 많았던가! 그중에서 특히 돈과 연관된 사건들을 피할 수 있었다면 하는 아쉬운 마음도 크다. 사람은 경험을 반복하는 동물이다. 지금도 늦지 않다. 반복하지 않으면 된다.

단순한 삶

아내와 함께 낙동강 강변 10km 걷기를 시작했다. 변함없는 코스이지만 마음은 새롭다. 이 기분을 불씨 삼아 심심하지 않은 한 해를 경작해 보자.

우선 손이 가지 않는 책들을 작년에 이어 올해도 읽고자 하는 사람들과 나누자. 책! 정신을 맑아지게 하는 단어이다. 나누는 것 또한 기분 좋은 일이다.

업무량이 증가하고 있다. 반기기보다 되레 신중해진다. 워커홀릭으로 다시 돌아가면 안 된다. 음주가무에 둔한 것이 자랑이 아니더라. 분량을 정하든 시간을 정하든 집중력을 높이자.

나는 줄여 가볍게 살고 싶지만 삶은 또 다른 짐을 지울 것이다. 실패와 경험으로 인생이 어떻다는 것을 아는 나이 아닌가. 인생에 묘수가 있다고 믿었고, 노력하면 된다고 생각했다. 지금은 두 손 두 발 다 들고 단순해졌다. 더 일찍 알아차렸어야 했다.

돈 문제는 근검절약이 답이고, 건강 문제는 몸에 해로운 것을 하지 않는 것이 최선이고, 정신 문제는 자신을 남보다 낮추면 되고, 인간관계는 돈으로 얽히지 않으면 된다. 참 간단하다.

특별한 목표가 없다. 군더더기 없는 삶이 좋겠다. 할 수 있을 때 일하고 시간 나면 걷고, 읽고, 듣고, 쓰고, 치고, 달리면 빠듯할 것이다. 어떻게 하든 시간은 화살처럼 지난다. 잊지 말자.

재무 철학

아이들은 금세 자란다. 즉 시간의 가치를 인식해야 한다. 재무적 관점에서 시간은 복리의 근원이다. 아이가 어릴 때부터 월 10만 원을 투자한다면 30세가 되면 얼마나 될까? 오천만 원이 넘을 것이다. 비용을 아껴 일찍 투자하는 것만큼 재정 자립의 지름길은 없다. 보험료 부담 때문에 저축을 못 하는 오류에 빠지면 안 된다.

일상의 의미

　겨울은 한창인데 눈이 없어 슬쩍 아쉽다. 영하의 날씨에 기대도 해 보았건만 이제 부산에서 눈 구경은 물 건너간 것 같다. 앞다투어 오르는 물가가 마음을 짓누른다.
　더 이상 추위 핑계를 댈 수 없다는 생각에 골프연습장을 찾았다. 환갑이 지난 나이에 몸을 만들기는 쉽지 않다. 결과가 미심쩍어도 연습에 연습을 더한다. 포기하기에는 이른 나이다.
　몸도 그렇지만 반복되는 일상에 변화를 주는 것도 어렵다. 이럴 때는 일상에서 의미를 찾는 습관을 키우면 된다. 무의미하게 하루하루가 반복된다고 생각하면 삶이 무겁게 느껴진다. 그렇지만 매사에 의미를 부여하면 새로움을 느끼게 된다.
　식탁에 앉으면 휴대폰을 만지며 허겁지겁 먹을 것이 아니라 마주 앉은 가족과의 시간이 소중함을 떠올리는 것이다.
　우리의 일상에 아무런 의미가 없는 행위가 있을까? 없다. 단지 의식하지 못하기 때문이다. 의미를 깨닫게 되면 더 이상 일상이 다람쥐 쳇바퀴 도는 것 같다고 말하지 못한다.

책 나눔을 시작한 지 일주일째다. 이제 60여 권의 책을 나누었다. 일상에서 독서는 얕잡아 볼 취미가 아니다. 모두들 생계가 바쁘다는 이유로 책을 손에서 놓은 지도 오래다. 그래도 독서는 자신의 내밀한 이야기를 나눌 수 있는 좋은 친구다.

재무 철학

돈을 벌 때와 쓸 때의 무게는 다르다. 벌 때는 시간과 수고가 들지만 쓸 때는 즉흥적이고 쾌감을 준다. 쓸 때 시간을 들이고 쾌감이 아닌 필요에 초점을 맞추면 벌 때와 쓸 때의 무게감이 엇비슷하고 재정 안정에 기여하게 된다.

초로의 관심

　내가 뭘 물으면 아내가 가끔 짜증을 내듯 핀잔을 준다. 얼마 전에도 물어 놓고 또 묻는다고 말이다. 순간 기분이 나쁘지만 참는다. 기억은 나지 않지만 아내의 태도로 보아 내가 그런 적이 있었던 모양이기 때문이다.

　업무를 할 때도 한두 번 더 훑어본다. 누락되거나 오자가 있거나 셈이 잘못되지는 않았는지 챙긴다. 그런 일이 생기기 때문이다. 잊어버리는 횟수가 는다. 잊지 말아야지 하는 것부터 돌아서면 까먹는다. 이 나이대의 공통된 현상인지는 몰라도 씁쓰레하다.

　열심히는 아니지만 운동을 좀 하는 편이다. 그런데도 앉고 일어서는데 곡소리가 난다. 일부러 소리를 내는 것이 아니다. 식탁 의자가 없는 식당은 피한다. 나도 모르게 그런다. 많이 사용해 닳아서 그렇다고 하더라도 찜찜하다. 아낀다고 아껴지는 것이 아닌데.

　앉기만 하면 졸린다. 식사를 하고 난 후에도 그렇고 찬바람 좀 쐬

어도 그렇다. 모자라지 않는 꼬박 6시간을 잔다. 그런데도 마음이 조금만 풀어져도 눈꺼풀이 무거워진다. 강둑을 걷기 위해 갔다가 올 때는 어김없이 아내가 운전대를 잡는다.

나이 들면 누구나 그렇다고 하는데 어찌하랴! 아내에게 묻지 말 것과 부지런히 메모할 것과 한 자세로 오래 있지 않는 것과 틈만 나면 졸음을 청하는 것 등이 초로의 얄팍한 처세술이다.

재무 철학

젊을 때는 돈은 언제든지 벌 수 있다고 생각한다. 그래서 금전적 손실을 입어도 크게 좌절하지 않는다. 나이가 들수록 돈의 무게도 비례한다. 삶의 욕망은 옅어지고 반면 재정 상황이 그 자리를 대신한다. 수입이 있을 때 수입이 끊어질 날을 대비해야 한다.

뙤약볕

주말이 부쩍 바쁘다. 특별히 하는 것은 없지만 주말 병을 없애기 위해 빠듯하게 움직인다. 독서회 모임과 골프 연습, 만 보 걷기 그리고 수영 연습으로 몸을 잠시도 쉬지 않고 움직인다.

너무 바쁘게 사는 것이 아닌가 하고, 이 나이에 그렇게 부지런을 피울 필요가 있는가 하고 질문을 받기도 한다. 그러나 이래도 저래도 한세상이라 내 나름의 생각대로 살기로 한다.

진심이라 믿고 언행을 하지만 모든 상대에게 그렇게 받아들여지지 않는다는 경험은 삶 속에서 자주 한다. 이럴 때 마음의 상처로 생각하지 말고 상대의 진심을 이해하는 노력이 필요하다. 내 진심은 내 것일 뿐 상대의 진심과 반드시 같을 수 없다.

이 장마가 끝나면 기다렸다는 듯이 내리쬘 뜨거운 날씨가 걱정이다. 이 날씨만큼 큰 걱정이 나라 안팎의 상황이다. 좋아지거나 개선될 여지가 없어 보이는 세상에 무력한 개인은 어떻게 해야 하나?

가정 경제에 큰 영향을 줄 수 있는 계약이나 투자는 신중해야 한다. IMF, 금융위기, 부동산 폭등과 폭락, 코인 열풍 등 이 모든 것의 희생자는 대부분 서민이다. 솔깃한 투자 권유에 귀를 닫자. 또 한 번 큰 파고가 오고 있다는 생각으로 매사 씀씀이에 유의하자.

재무 철학

아파트 화재보험은 월 만 원 미만이다. 거의 화재 위험이 없기 때문에 보험료가 싸다. 근데 만일에 불이 나면 거의 모든 것을 잃는 위험에 처한다. 주인이나 세입자는 재산 보존을 위해 가입해야 한다. 보험은 확률은 낮은데 만약 발생하면 감당하기 힘든 피해가 예상될 때 가입하는 것이다.

모든 노인의 소원은 건강

 아내와 뒷산 산행을 했다. 디스크 파열을 극복하기 위해 아내는 평지를 매일 만 보 이상 2년 동안 걸었다. 수술 주사 약물을 하지 않고 오로지 바른 자세로 걸어서 스스로 치료를 해왔다.

 우여곡절은 많았지만 어쨌든 잃었던 교실도 다시 찾았고 최근에는 보건소의 요청으로 영산대학 공터에 야외 기공 체조 교실도 열었다. 여전히 바닥에 앉거나 한 자세로 오래 앉아 있는 것은 조심한다.

 아침 운동과 골프, 드리블과 수영, 영어 공부는 순항 중이다. 스스로 계획하고 실행하는 것이니 스트레스 없이 즐겁게 하고 있다. 큰 기대를 갖지 않는다. 단지 무의미하게 지나는 시간이 아까워 계획하고 실행하고 피드백한다.

 물만 꾸준히 주면 자라는 식물처럼 꾸준한 연습은 실력을 조금씩 늘게 한다. 느는 재미로 또 연습을 하게 되고 그러다 루틴으로 굳어져 삶에 영향을 주고 인생은 또 다른 변화를 맞게 된다.

독서는 시집과 시 평론집을 꾸준히 읽는다. 제 나름 독특하게 자연과 삶을 보는 창의적이고 신선한 시인들의 시선이 팍팍한 내 삶을 기름지게 만든다. 지하철에 전시된 시 작품들도 유심히 읽는다. 이해가 미치지 않는 작품은 평론집의 도움을 받는다.

재무 철학

노후는 돈만으로 해결되지 않는다. 건강은 돈보다 더 강조된다. 노후를 생각하는 나이에 한두 가지 약을 먹지 않는 사람은 드물다. 모두 잠재적인 환자인 셈이다. 우리 세대는 부모 세대에 비하면 고생을 하지 않았다. 골병이 들 이유도 없다. 그러니 자식에게 부담을 떠넘길 수도 없다. 스스로 건강해야 한다.

노후 시뮬레이션

'하루 한 번 땀을 흘린다' 이 삶의 준칙을 지키려고 매일 아침 달리기를 하던 것이 지금은 종합세트가 되었다. 소요시간은 약 40분이다. 100미터 달리기, 드리블, 역기, 철봉, 맨발 걷기를 바삐 진행한다. 해도 되고 안 해도 되지만 매일 한다.

체력 유지도 되지만 하루 시작을 펌프질하는 역할이 더 크다. 종일 업무가 있는 것은 아니다. 그 공백을 메우는 것이 골프 연습이고 걷기이다. 사람을 만나는 것을 좋아하지만 혼자 노는 것도 괜찮다. 주말에는 수영을 한다.

보험금 청구 횟수가 빠르게 늘고 있다. 고객의 연령층이 높아져 당연한 현상이다. 보험은 보조 수단일 뿐이다. 우선적으로 건강 관리를 해야 한다. 좋은 약도 많고 의료 체계도 잘 되어 있지만 스스로 관리하는 것만 하겠는가! 후회할 일은 하지 않아야 한다.

배우자와 헤어질 결심을 하루에도 백 번 넘게 한다는 사람이 당신 배우자는 하루에도 천 번 넘게 할 것이라는 말을 듣고 입을 다물었다. 상대가 원망이 되면 곧장 자신을 돌아보자. 그 원망의 씨앗은 상대가 아닌 자신이 심고 키운다는 사실을 자각해야 한다.

엄마 생신 날 형제들이 모여 식사를 했다. 엄마도 예전의 굳센 순이가 아니다. 동생들의 얼굴에도 주름이 가득하다. 다들 삶이 고달픈 것일까? 모두 부산 인근에 살지만 얼굴 보기가 쉽지 않다. 더 늦기 전에 보고 싶은 사람 보며 살자. 인생 막판에 후회하지 않도록!

재무 철학

미래는 알 수가 없지만 시뮬레이션은 해 보자. 노후의 생활 자금은 어느 정도 준비되고 있는지 한번쯤 따져 보자. 비용이 드는 것도 아니다. 네비게이션을 켜고 운전하듯이 미리 종이 위에 적어 보자.

보이는 끝

　냉기가 채 가시지 않은 금련산 기슭, 그리 높지는 않지만 옹달샘이 있고 굴곡도 있어 산행의 진미를 맛볼 수 있다.
　설날은 새로울 것이 없는 또 한 번의 시작이지만 의지를 돋우고 식어가는 열정을 다시 피우는 삶의 지혜다. 조깅화를 교체했다. 또 한 번 시작의 상징이다.
　아버지께서 가시는 모습에서 인생의 끝을 목격했다. 설에 엄마를 뵙고 오면서 끝이 떠올랐다. 그 언제인가 모르지만 끝이 뇌리를 떠나지 않아 슬펐다. 몸을 녹여가며 키운 자식들이 떠나가고 지아비마저 세상을 떠났을 때 엄마는 무슨 힘으로 사시는 것일까?
　요즈음 독서에 반가운 변화가 느껴진다. 읽었으면 반드시 정리하려고 한다. 넓게 읽었으면 깊게 생각하여 사상으로 엮어야 더듬이를 쇄신하는 데 도움이 된다.
　행복은 물질이 아니라 관념이 더 크게 작용한다. 생각을 어떻게 하는가에 따라 뇌는 다르게 반응한다. 배고픔과 고독, 이별, 통증, 가난 등 생각에 따라 삶의 긍정적 에너지원이 되기 때문이다.

생각이 깊어진 철학이 삶의 정수精髓이다. 생각을 가꾸는 방법이 독서다. 산길의 이어지는 여러 갈래 오솔길처럼 독서의 취향은 다양하고 사람도 제각각 다르다. 그래서 어느 길로 올라왔던 산마루에서 만난 사람은 오래 본 것처럼 낯설지 않다.

재무 철학

금융 상품의 본질을 이해하지 못한 채 가입한다면 피해를 피할 수 없다. 지인이라는 이유로, TV에 광고한다는 이유로, 누가 가입했다는 이유로 구매했다면 시간이 흐를수록 손해는 커진다.

균형 잡힌 삶

주말이면 10km 정도를 아내와 걷는다. 아내의 허리 치료를 위해 매일 만 보 걷기가 시발점이었는데 이제는 의례가 되었다. 옅은 추위가 감도는 강가를 걷는다. 봄기운처럼 정신도 파릇해진다.

마라톤 대회가 있다. 완주보다 전년도 기록을 의식한다. 10년 후 건강을 위해 10km를 달린다. 달리면 불필요한 것을 덜어 내는 기분이 든다.

지금 상태가 일과 컨디션과 일상이 균형을 이루고 있다는 생각이 든다. 약간 벅찬 상태이지만 거침없이 흐르는 세월에 나름 노를 잘 젓고 있다. 잊을 것을 잊고 가고자 하는 길을 상상하며 걸어간다.

새벽 냉수마찰은 50여 일 꾸준히 하고 있다. 올겨울에는 감기 없이 넘어갈 듯하다. 긍정적인 흐름이 전신에 감도는 느낌은 분명하다. 21일을 계속하면 뇌에 습관의 회로가 생긴다고 한다. 내 것으로 만들자.

시$_{詩}$ 동인지를 올해부터 정기구독하고 있다. 감$_{感}$이 딱 오는 시를 만나면 그날 하루가 즐겁다. 근데 그런 기회가 드물다.

마음이 가는 대로 행동해도 좋을 나이에 왔다. 장수 시대인 지금은 40세가 아니라 60세 환갑이 불혹이라는 생각이다. 어떤 마음이 찾아들면 너무 좌고우면하지 말고 하자. 그래도 될 때에 이르렀다.

재무 철학

재정 자립은 큰 폭으로 진전되기 불가능한 것은 아니지만 쉬운 것이 아니다. 작은 걸음으로 오래도록 나아지는 것이 일반적이다. 조급하게 서둘 때는 손실 위험을 자초하기 십상이다.

항상 긍정

　장미로 대변되는 계절의 여왕 오월도 끝이다. 장미를 쉽사리 꺾지 못하는 까닭은 검붉은 황홀함에 흠칫하기 때문이다. 수북하게 담장을 감은 장미를 보면 그 집의 주인이 궁금해진다.
　책상 위를 깨끗이 치웠다. 옷장도 정리하여 두꺼운 옷은 압축 비닐로 정리하고 운동복은 몇 벌만 남기고 모두 분리해서 버렸다.
　어떤 일을 두고 해석하기에 따라 언행이 긍정과 부정으로 나뉜다. 기본적으로 긍정을 취한다. 부정적이라 하더라도 긍정의 구석을 찾는다. 특히 사람에 관련해서는 긍정적인 태도가 언제나 좋았다.
　한 시간만 운전해도 전신이 쑤신다. 운동을 규칙적으로 하는 내가 이렇다면 차일피일 운동을 미루고 있는 사람은 어떨까? 운동이 과한 것은 아닌지 조심스럽다.
　필요한 돈을 만들기 위해 주로 적립식 펀드를 구매한다. 기간은 대략적으로 정하고 손익에 상관없이 일정금액에 도달하면 즉시 환매한다. 목표는 수익이 아니니 실패하지 않는 저축 방법이다.

일상은 반복된다. 일상이 새로울 수만 있다면 나이가 무슨 상관이겠는가! 일상이 어떻게 매번 새로울 수 있나! 나 자신이 달라질 수밖에. 사람이 달라질 수 있는 방법은 독서와 여행이다. 둘 다 매번 새롭다. 여행을 즐기는 사람이 부럽다. 나이가 들수록 책보다 여행에 끌린다. 몸을 움직여야 머리도 따라갈 것이기 때문이다.

재무 철학

대개 수입은 한 달에 한 번 있지만 지출은 매일 발생한다. 액수가 중요하다 하겠지만 횟수에도 주목해야 한다. 횟수는 습관이다. 중독이기도 하고. 재정 안정을 희망한다면 지출 횟수를 줄여야 한다. 횟수를 긍정이면 늘리고 부정이면 줄이자.

매일 한다는 것

　매일 아침마다 '일일일사一日一思'를 쓰기 시작한 지 오랜 시간이 지났다. 페이스북과 밴드 그리고 블로그에 올리고 있다. 매주 써서 보내는 '남경우 FC의 에세이'도 해를 거듭하고 있다.
　수없이 틀리며 살아왔지만 한 가지 분명하게 믿는 것이 있다면 '매일같이' 꾸준하게 하면 길이 보인다는 것이다. 지향하는 목적이 있는 것도 아니지만 그렇다고 막연한 기대감이 없는 것도 아니다.
　기대는 있어도 가는 길을 모를 때 사용하는 방법이 "매일같이" 연습하듯 실행에 옮기는 것이다.
　매일 달리기가 운동장 반 바퀴에서 마라톤 풀코스 완주까지 할 수 있게 했다. 매일같이 연습한 골프가 +41에서 +18 언저리로 내려오게 했다. 매일같이 읽는 책이 숱한 난관에도 쉽사리 부러지지 않는 지지대가 되어 주었다.
　지금 또 하나 매일 하는 것은 시詩 읽기이다. 선물 받은 시집이 계기가 되었지만 지난 8개월 동안 줄기차게 읽고 있다. 이것은 또 어떤 형태로 나를 이끌지 알지 못하지만 아주 흥미롭게 지켜보고 있다.

자기 계발이나 자기 혁신 또는 자기 동기부여를 하는 최상의 방법은 매일 하는 것이다. 그 무엇이든 분량에 관계없이 '매일'이 답이다.

재무 철학

어떤 재테크 책을 읽어도 '근검절약' 만큼 힘들이지 않고 자산을 모으는 방법을 발견하지 못했다. 필수적인 생활비는 아낄 수가 없다. 그 외의 지출은 자신이 결정하기 나름이다. 검소하게 살자.

직업과 사상

걷어찬 이불을 끌어당기는 계절이다. 낙동강 둑길에도 가을의 손길이 스치는 듯하다. 빛이 바랜 잎들이 하나둘 늘어난다.

가을은 마라톤 계절이다. 10월 바다마라톤 10km 코스 참가 신청을 했다. 아침으로 하는 100m 달리기는 몸 풀기에 지나지 않는다. 운동장 돌기를 시작으로 동네 한 바퀴를 거쳐 장거리 연습을 해야 한다. 강바람을 맞으며 달리는 이 강둑길이 제격이다.

오랜 세월 보험 영업을 하고 있다. 가끔은 체질에 맞나 하는 생각을 했다. 설득하는 능력이 부족하고 무엇보다도 들이대는 성격이 모자란다. 고객도 갑갑할 정도라 했으니.

뚜렷한 역량이 없이 지금껏 하고 있는 것을 보면 신기하기도 하다. 그 신기는 생각(사상)이다. 불행은 싫지만 닥치면 제일 먼저 찾는 것이 보험일 것이라 믿었다. 사람 만나는 재미 또한 추동력이었다.

하는 일과 사상이 다르지만 생계를 위해 어쩔 수 없이 하기도 한다. 그러면 끝내는 지나온 시간에 대한 회한을 갖기 쉽다. 자신이 힘껏 살아온 삶을 부정한다면 그 인생은 어떻게 되나!

직업은 필요에 의해 생긴 것이다. 무슨 직업에 종사하든 그 필요를 지지하는 이론과 사상에 철저해야 한다. 직업은 자신의 인생이다. 인생에 종교가 필요하듯 직업을 뒷받침하는 사상이 꼭 필요하다.

재무 철학

가격의 변동을 예측하기 어렵다. 욕심 또한 판단을 흐리게 한다. 예측이나 욕심이 아니라 필요에 의한 거래를 해야 후회하는 일이 없다. 가격 변동의 위험을 줄이는 최선의 방법이다.

이른 봄날

    강변은 봄기운이 완연하다. 언 땅은 녹아 촉촉하고 한창 봄기운 올라오고 있을 것이다. 기온은 영상이지만 강바람은 여전히 차갑다. 맨발로 1km 정도를 걸었다. 찬 기운이 몸에 감전되듯 하고 땅을 밟을 때마다 쭈뼛쭈뼛한다. 익숙해지니 맨발로 걷는 사실을 잊기도 한다. 다시 신을 신었을 때는 구름 위를 걷는 듯하다.
    22년이 지난 지금은 많이 편해졌다. 주로 SNS로 계약이 진행된다. 고객의 요청으로 시작되고 고객의 결정으로 종료된다. 계약은 신뢰가 열쇠이다.
    보험료는 연금 상품이 아니면 모두 비용이다. 보험이 충분한지를 고민하기보다는 운동을 꾸준히 하는가를 더 고민해야 한다.
    고객의 요청이 없으면 말 그대로 놀게 된다. 고민하지 않는다. 인근 골프 연습장을 가거나 책을 읽거나 메모해 둔 글에 살을 붙인다. 또는 사무실 청소에 열을 올린다.

시든 식물은 없어야 하고 땅바닥에 나뒹구는 물품도 없어야 하고 기한 지난 양식이나 책자는 솎아내야 한다. 바닥은 수시로 닦아야 하고 물병에 물은 항상 가득이다. 그런데도 늘 난장판이다.

어느덧 보험을 피부로 느끼는 나이에 왔다. 즐겁지 않지만 후회를 해 본 적은 없다. 그동안 얼마나 많은 남녀노소를 만났던가! 그분들로부터 듣고 보고 배운 것으로 살았다. 더욱 적극적으로 배웠더라면 이 삶과 또 다르게 변했을 것이다. 사람이 교재인 줄 뒤늦게 알았다.

재무 철학

자산을 지키고 키우는 방법 중에서 분산투자를 많은 전문가들이 추천한다.
요즘 암호 화폐와 외국 금융상품을 분산투자 대상으로 관심을 키우고 있다.
변화가 불가피하면 따라서 변해야 한다.

단순한 삶

    초침 소리만 들리는 고요한 새벽이지만 책상은 어지럽다. 늘 읽을 책만 둔다고 생각하지만 이내 어수선해진다. 머릿속이 이럴 것이다. 낯선 낱말을 찾으려면 핸드폰(검색)이 필요하고, 기록하자면 볼펜과 노트가 필요하다. 책을 읽을 때 찾아드는 공허함이 있다. 그것을 메우기 위해 커피가 필요하니 머그컵이 추가된다.

    단순한 일상을 바라지만 복잡다단으로 치닫는 삶을 피할 수 없어 끝없이 단순과 혼란을 반복하며 산다. 마지막은 단순했으면 한다. 가계 재정의 단순함을 생각한다. '적당히', '부족함이 없을 정도로', '많을수록' 이런 말은 일면 단순한 것 같지만 사람을 피곤하게 한다.

    살림살이의 단순함은 수입 범위 내에서 쓰는 것이다. 이것은 회계상의 문제가 아니라 생각의 영역이고 자족自足의 첩경이다.

    투자의 단순함을 생각한다. 투자의 관점이 수익이 아니라 필요(목표)로 하는 목돈을 만드는 데 관점을 두면 퍽이나 단순하다. 천만 원을 목표로 하면 매월 투자하기로 한 금액을 목표금액에 도달할 때까지 투입하는 것이다. 달성 시기가 늦춰지거나 당겨지거나 할 뿐이다.

인간관계의 단순함을 생각한다. 다양한 관계 속의 혼란을 잠재울 수 있을까? 그 사람의 입장을 존중해 주면 단순하다. 또한 이별에 연연하지 않으면 금상첨화다. 외모, 학력, 재산, 이념, 출신, 성별 등 모두 아무것도 아니다.

재무 철학

"왜 나는 투자하는 것마다 족족 실패하는 것일까?"라고 생각하기 쉽다. 이것은 이익은 쉽게 잊히고 손실은 오래 기억되는 뇌의 기능 때문이다. 찬찬히 돌아보면 실패보다 성공이 훨씬 많을 것이다. 그렇지 않다면 지금 내 삶이 존재하지 않을 것이기 때문이다. 오늘도 당신은 성공하고 있다.

재무 설계

　우리의 살림은 매월 따지고 보면 변화가 별로 없다. 정확히 말하면 없는 것이 아니라 그 작은 변화를 느끼지 못한 채 살아간다. 대충 산다는 표현이 정확할 것이다. 나도 그렇게 산다. 그러나 가정의 재무 상태가 시간이 지날수록 조금씩 나아지기를 바란다면 재무 설계가 필요할지도 모른다.
　집을 지으려면 설계도면이 필요하고, 사업을 하려고 해도 사업계획서가 필요하고, 목적지를 가기 위해 내비게이션을 사용하는 것과 같다.
　재무 설계의 프로세스는 현재의 자산과 부채 내역을 정리하는 것으로부터 시작한다. 자산과 부채의 성격까지도 파악하여 정리의 우선순위를 정한다.
　다음으로 현금 흐름을 파악한다. 수입과 지출을 그 내용까지 포함해서 요약한다. 돈이 어디서 얼마나 들어와서 어디로 얼마가 나가고, 여유가 있다면 어느 정도인지를 알아본다. 수입은 뻔하다. 반면 지출은 불가피한 지출과 통제 가능한 지출 등으로 다양하다.

여기까지 정리만 해도 가야 할 길이 보인다. 단지 실행 의지가 관건이지만 최소한 어느 정도 미래를 예측할 수 있다.

5년 후, 10년 후 자산과 현금의 흐름까지 작성해 보면 미래의 재무 상태를 짐작해 볼 수 있다. 자산 시장은 부침이 심하다. 미래는 더 심해질 것이다. 따라서 재무 설계의 유용성도 커지고 있다.

재무 철학

'돌다리도 두들겨 보고 건너라'. 자산을 관리할 때도 적용되는 격언이다. 대박과 쪽박은 한 끗 차이이지만, 대박을 위해 쪽박의 위험을 감수하는 어리석음은 피해야 한다.

봄이 오건만

이 시기에는 밤과 낮의 길이가 바뀌기 시작한다. 점차 낮이 길어지면 나도 겨울잠에서 서서히 깨어난다. 그러다 봄이 오면 살맛 나게 된다. 땅에서 새순이 여기저기 나듯 내 안에서도 파릇한 생각이 돋기를!

기존 생각이 허물을 벗듯 새로워질 때가 기쁘다. 얼마 전 이제 사람을 있는 그대로 볼 수 있게 된 것 같았다. 옳고 그르고, 예쁘고 추하고, 맞고 틀리고, 상대에 대해 판단을 하지 않게 된 것이다. 설익은 판단은 서로를 괴롭히기만 한다.

어느 때인가 아이들에게 첫 인상을 경계하고 세 번은 만나보라고 했지만, 청춘들에게는 귀에 들릴 리가 만무하다. 이런 점에서 세월은 보약이다. 눈앞에 있는 사람을 천사로 보게 하니 말이다.

저축은 시간이라는 영양분을 먹고 자란다. 단박에 고수익을 보장한다는 말은 사기에 가깝다. 사기 천국이라 할 만하다. 수없이 당한다. '잊고 있었는데 어느새 돈이 모였네' 이게 정답이다.

　부채(빚)가 일상이 된 세상이다. 부채 청산은 정말 힘이 든다. 줄이면 늘고 없애면 생긴다. 빚 청산 역시 시간이 필요하다. 저금리 고수익의 유혹을 멀리하고 묵묵히 상환해야 한다. 투자는 빚 상환 후에 해도 절대 늦지 않다.

재무 철학

세일즈맨의 말을 믿기 보다는 상품 그 자체(회사, 책임 범위, 위험 정도, 이해도)를 확인해야 한다. 자신의 커미션이나 조직의 업적을 위해 고객을 대할 뿐이다. 세일즈맨이 고객을 위해서 일하는 것이 아니라 자신의 문제를 해결하려 한다는 사실에 유의해야 한다. 깐깐한 고객일수록 자신뿐만 아니라 그 세일즈맨에게도 도움이 된다.

투자 (1)

투자에 대한 이야기를 해 보자. 경험과 공부로 얻은 내 나름의 정리이다. 본시 모든 일에는 정답이 없다. 각자의 경험에 의한 선입견만 고정관념으로 자리 잡고 있을 뿐이다. 이 내용도 나의 고정관념에 지나지 않음을 유의해야 한다.

1. 투자는 위험을 포함하고 있다. 원금의 전부나 일부를 잃을 수 있다. 이것을 못마땅하게 생각하는 사람은 투자를 해서는 안 된다.

자신의 투자 심성을 아는 것이 재테크 책을 수십 권 읽는 것보다 백 배 낫다. '너 자신을 알라'는 말은 최고 수준의 투자 격언이다.

2. 1번에도 불구하고 수익에 대한 욕심이나 지인에 대한 막연한 신뢰로 투자를 하는 사람은 끝장에 이르러 고초를 피할 수 없다.

3. 원금을 잃을 수 있는 것이 투자라는 인식을 갖고 투자를 하면 묘한 승부욕과 짜릿한 즐거움을 얻을 수 있다. 물론 비싼 대가를 치

를 수도 있지만 털고 웃을 수 있는 사람은 투자형 인간이다.

4. 손해를 줄이는 것도 투자 행위이다. 이미 엎질러진 물이라면 최대한 피해를 줄이는 결단이 필요하다. 리스크에 대한 인식이 있는 사람은 이것이 가능하나, 그렇지 않은 사람은 원금에 대한 집착 때문에 정신적으로도 피폐해지는 이중 삼중의 피해를 키운다.

5. 오랜 세월 동안 주식 투자로 살아온 사람과 은행 적금으로 살아온 사람을 비교해 보면 생각과는 다르게 저축을 한 사람이 재정적으로 더 나은 경우가 많다.

6. 물론 예외는 있지만 그 예외 인물들의 강의나 도서를 무작정 따라하는 것은 달을 가리키는 손가락을 보는 것과 같다. 예외는 글자 그대로 예외일 뿐이다.

재무 철학

투자는 누구나 할 수는 있지만, 소수만 성공하는 게임이다. 자신을 과신하지 않는 것 또한 삶의 기술이다. 투자한 금액을 잃을 수 있다는 점을 받아들인다면 투자는 해볼 만하다.

투자 (2)

　금융상품 투자는 해도 불안하고 하지 않아도 불안한 애물단지 같은 것이다. 숱한 피해자를 양산했지만 피 냄새에 더 안달하는 모습이다. 자신의 투자 성향을 아는 것이 첫 순서이다.

　7. 투자를 결정할 때는 예상 수익보다 소요되는 비용을 먼저 따져야 한다. 한결같이 고객의 수익을 광고하지만 금융기관의 목표는 수수료 수입이다. 재테크 책은 인세 수입이, 재테크 강사는 강사료 수입이 목표다.
　8. 시기를 점치는 것보다 고르게 분산 투자하는 것이 필요하다. 위험을 줄이는 방법이지만 욕심에 짓눌려 실행하는 사람이 적다.
　9. 경험으로 보면 많은 사람들이 몰릴 때 투자를 하지 못해 조바심을 내는 것은 미끼를 물기 직전의 바동대는 물고기 모양이다.
　10. 투자 목표를 수익에 두지 말고, 만들고자 하는 금액으로 정하

면 한결 마음 편하게 투자할 수 있다. 목표금액의 사용처까지 정해두면 더 용이하다.

11. 불안하지만 자리를 뜰 수 없는 사람은 일부를 투자하는 것도 방법이다. 10개를 가지고 있다면 1~2개 정도로 말이다.

12. 제 아무리 투자형 인간이라 자처할지라도 10개 모두를 투자하고 있다면 어느 날 벼락 거지가 될 수 있음도 알아야 한다.

13. 불안한 마음은 인생의 궁극적 목표인 행복에 반한다. 불안해하면서 투자하는 것은 요행을 바라는 도박과 같다.

14. 확신하면 확신할수록 쪽박이 될 위험이 높다. 지금이다! 할 때를 특히 조심해야 한다. 자기 확신은 한 방을 노리다 한 방에 훅 가게 만든다.

재무 철학

"시세 차익 5억" 이런 식의 투자를 유인하는 광고가 가득하다. 그 정도 차익이라면 굳이 남에게 기회를 주는 이유가 무엇인가! 이런 광고가 버젓이 나붙는 사회가 하나도 이상해 보이지 않는다. 투자와 사기가 헷갈린다. 단, 판단은 오롯이 자신의 몫이다.

대출 상환

몇 차례 태풍 소식에 가을은 몰래 깊어 간다. 모든 것이 순조로울 것 같은 계절인데 살림살이에 대한 걱정이 유달리 크다. 한 해도 어렵지 않은 해가 없었지만 매번 눈앞에 닥친 지금이 가장 힘들다. 그래도 세월이 지나면 아이들은 쑥쑥 자라고, 살림은 늘고, 씀씀이는 커져 간다.

금융이 발달하여 선 소비 후 지불 방식이 만연하여 부채나 할부가 없는 집이 드물다. 그래서 조그만 경제 침체에도 가정 경제가 흔들린다. 저축보다는 소비가 미덕인 사회에 살고 있다.

무엇을 구입하든 대출을 믿고 해서는 안 된다. 그럼에도 대출의 크기를 기준으로 결정하는 시대이다. 힘든 시기가 오더라도 감내할 수 있는 수준 내에서 해야 한다.

"천만 원만 있으면 입주 시까지 돈을 내지 않아도 됩니다."

이 말에 귀가 솔깃한 우리 사회를 경계해야 한다.

퇴직을 하면 부채는 흉기로 돌변한다. 돈은 빌리기는 쉬워도 갚는 것은 아주 어렵다는 사실을 간과하기 싶다. 자신의 재무 수준 내에서 사는 법을 익혀야 한다.

　수입은 영원하지 않은 반면 지출은 죽을 때까지 계속된다. 수입이 있을 때 퇴직 후 지출 재원을 저축해 두어야 한다. 은퇴설계를 거들먹거리지 않아도 상식 수준의 금융지식 아닌가!

재무 철학

돈을 버는 속도에 비해 소비하는 속도는 빛의 속도에 비유할 만하다. 어차피 소비해야 할 돈이라도 소비 속도를 최대한 늦춰보자. 사람들은 오래 보유하는 데 서툴다. 돈을 가능한 오래 가지고 있다가 지출하는 습관을 키우자. 카드 대신에 현금을 들고 다니면 그런 습관 만들기 수월하다.

왜 투자를 하려는가

잦은 비에 봄이 서둘러 떠날 채비를 한다. 애기 더위가 벌써 기웃거린다. 세월이 참 빠르다. 틈이 없는 일정 속에서도 자연스레 굴러가는 인생 수레가 고마울 뿐이다.

안 아프면 건강한 것이고, 괴로움이 없으면 행복한 것이고, 의식주에 불편이 없으면 잘 살고 있는 것이다. 나이 따라 줄어드는 욕심 덕분에 초로의 삶은 서서히 평안을 찾아가고 있다.

우리나라는 비록 장단점이 있지만 개인이 의식주를 해결하는 수준이면 어느 나라보다 더 안전하게 행복하게 살 수 있다. 그러나 국민의 행복지수는 국가의 덩치에 비해 크게 뒤떨어져 있다. 그 이유는 다양하겠지만 돈에 대한 생각이 일조하고 있다. 배금사상이 삶을 윤택하게 하는 것이 아니라 찌그러뜨리고 있다.

돈은 삶을 지원하는 수단이지만 실상은 삶이 돈에 속박되어 휘둘리는 형국이다. 비교 습성과 대박 유혹 등으로 돈에 집착한다. 돈과 싸워 이기는 사람을 보지 못했다.

투자를 하되 매일 들여다보지 않을 정도로 하자. 잃어도 생활에 영향이 없는 범위 내에서 하자. 짜릿한 묘미를 맛보고 싶으면 투자하라. 대상을 가리지 않고 투자를 해도 된다. 손실에 연연하지 않으면 된다. 손실의 가능성이 없는 투자는 없다.

돈은 그냥 일상의 도구이다. 몸과 우애를 해쳐가면서까지 돈에 매달리지 말자. 정말 중요한 것들은 돈으로 환산할 수 없다. 돈으로 환산할 수 없는 것들은 무엇일까!

재무 철학

보험 영업은 물건을 파는 것이 아니라 지식을 판다. 고객은 설명에 의존해 가입한다. 책임이 따른다. 지식 부분에 대한 긴장도가 영업 측면보다 더 높다. 영업을 계속하게 하는 힘도 여기서 나온다.

절약

    시중에 쏟아진 돈으로 물가가 비상이다. 그 많은 돈은 어디로 갔을까? 앞으로 쏟아질 돈도 천문학적 양이다. 물가가 오른다고 급여(수입)도 같이 오르는 것이 아니다. 대출이자도 높아져 가계에서 쓸 여유가 더욱 줄게 되고 생활의 긴장도 높아진다.
    수입 범위 내에서 소비하는 습관을 지켜 내기 힘들어진다. 가계의 재정자립이 흔들리게 되고, 가족들의 화목에 상처를 내기 쉽다. 이 시련이 상당기간 지속될 것 같아 각별히 근검절약 정신이 요구된다.
    커피 한 잔 값이 식사 한 끼 값과 맞먹는다. 스스로 절약하는 아이디어를 강구해야 한다. 수입을 늘리는 것도 중요하지만 소비를 줄이는 지혜가 더 필요한 시기이다.
    매달 재정계획을 세워보자. 수입 범위 내에서 지출 금액을 정하고 각 지출 항목에 한도를 정하고 그 범위 내에서 소비해 보자. 지출

억제 효과가 있을 것이다.

지출을 억제하는 데서 얻는 기쁨보다 자신이 스스로 욕망을 통제할 수 있다는 것에 놀라게 되고 또 다른 자신감도 얻게 된다.

재무 철학

자신이 가진 것에 감사하고 만족하는 습성을 기르자. 이것을 소홀히 하면 가진 것도 잃을 수도 있다. 한 방을 조심하라. 어려울수록 그런 유혹에 말려든다. 대박은 쪽박의 다른 이름이다.

평균 수명

발표된 경험생명표에 의하면 평균수명이 남자가 86.3세, 여자가 90.7세이다. 건강한 삶이 최우선이지만 경제적 문제가 발등의 불이 되었을 때는 준비하기 쉽지 않다. 그러므로 젊을 때부터 착실하게 시간에 투자해야 한다. 미래가 밝아야 현재도 행복하다.

1. 하이 리스크 하이 리턴 식의 투자는 금물이다. 30년 동안 주식 매매를 한 사람이 은행 저축만 한 사람을 이기기 쉽지 않다.
2. 최소한 국민연금과 개인연금저축펀드는 퇴직 시까지 넣어야 한다. 개인연금저축은 완전히 은퇴할 때까지 납입해야 한다.
3. 배당우량주식을 사 모으는 것은 연금을 준비하는 효과가 있다. 특히 미국 배당우량주식을 매입하고 보유를 검토할 필요가 있다.
4. 저축(연금)형 상품은 반드시 유배당 상품을 선택해야 한다. 물가 상승을 방어하지 못하는 상품 가입은 신중해야 한다.

5. 임대료 수입을 목적으로 하는 부동산 투자도 연금 효과가 있다. 부동산 보유 관련 각종 세금 관련 지출을 고려해서 판단해야 한다.

6. 내 집 마련은 바둑으로 말하면 두 집을 먼저 내는 것과 같다. 심리적 안정감을 주고, 노후에는 주택연금 제도를 활용할 수 있다.

7. 과도한 빚은 금물이다. 대부분 한평생 빚을 끼고 산다. 빚으로 하는 투자나 소비는 재앙의 씨앗이다. 백만 원 없어도 사는 데 지장이 크게 없지만 빚 백만 원을 갚지 못하면 일상이 시끄럽다. 특히 퇴직 이전에는 빚을 완전히 청산해야 한다.

재무 철학

금리 상품과 투자 상품의 개념을 이해하도록 공부를 해야 한다. 원금 손실을 우려해서 적금만 가입하는 것은 인플레이션을 따라가지 못할 수도 있고, 수익을 쫓아 고수익 투자만 고집하다 보면 원금을 잃는 우를 범할 수 있다. 종신보험을 고금리 저축상품이나 연금으로 곡해하는 오류를 범하는 것도 부족한 지식이 원인이다.

노후자금

7월 첫 주, 올해 하반기 첫 주이다. 의미는 부여하면 있는 것이다. 올해도 절반을 왔다. 한번 돌아보고 후반을 시작하면 좋겠다. 가족들과 대화 중에 노후 생활비가 얼마가 있어야 하는가를 두고 토론이 있었다.

4~50대 고객들이 가끔 '늙으면 돈이 무슨 필요 있어요!' 하는 말을 하며 국민연금만 있어도 사는 데는 지장이 없을 것이라 한다. 이제 60대 중반에 이르니 이 문제가 대두했다. 늙으면 돈의 필요가 줄어드는가를 자문하게 된다.

외식 식대 120만 원/ 관리비 등 공과금 20만 원/ 부부 보험료 50만 원/ 건강보험료 20만 원/ 차량유지비 30만 원/ 경조사비 30만 원/ 취미, 여행, 체력단련 50만 원/ 합계 320만 원

직업상 경험으로 따져 고객층의 평균 정도가 아닐까 한다. 퇴직 후 10년 정도는 국민연금과 저축으로 꾸려갈 수 있다고 본다. 그리

고 해가 지날수록 저축은 소진되고 보험료 같은 일부 항목은 줄어들 것이다. 반면 병원비가 점차 늘어난다.

60~70세에 자아를 실현하기 위해 일을 하는 것이 아니라 생계를 위해 일을 해야 한다면 젊었을 때의 판단이 미숙한 것이다. 노인들은 정말 돈 쓸 곳이 없을까? 그냥 참고 사는 것은 아닐까? 시들어 가도 고운 색깔로 단풍 들고 싶은 마음 오죽하겠는가!

소득불균형이 심해지고 있고 특히 노년층의 형편은 앞으로 더 열악해질 것이다. 국가적인 노력도 있어야 하지만 개인 스스로 근검절약을 함으로써 검소한 생활관을 몸에 익혀야 한다.

재무 철학

재정적으로 여유가 있는 사람일수록 명분이 있다면 큰돈도 마다하지 않고 앞서 결제를 하지만 명분이 약한 푼돈의 씀씀이에는 박하다. 돈을 쓰고도 기분이 좋지 않다면 반복되지 않도록 해야 한다. 개처럼 벌어 정승처럼 쓴다는 말의 의미이다.

노후와 독서

 매미 소리가 극성으로 치닫는다. 꽃들이 하나둘 피고 진 자리에 새파란 잎들이 앞다투어 우거진다. 새벽과 동시에 깨어난 새들이 창밖에 지저귀고 산등성이는 벌써 훤하게 밝아온다.

 노후자금에 대해 여러 의견들이 있다. 통계가 말하는 부부 한 가구의 월 생활비보다 많은 금액인데 실제보다 적다는 의견이 많았다.

 칠십 대 한 분은 5~60대는 잘 모르는 것 같다고 하면서 7~80대가 되면 늙어서 돈이 안 들어가는 것이 아니라 돈이 오히려 더 많이 든다고 했다. 서울에 거주하는 분은 서울과 부산의 생활비 수준의 차이가 크다고 언급했다.

 통제할 수 없는 수입에 답이 있는 것이 아니다. 스스로 조절이 가능한 지출을 줄이는 수밖에 없다. 그렇다고 지출을 마냥 줄일 수는 없다.

 그리고 의식주보다 타인과 비교되는 상대적 빈곤감과 체력 저하에 따른 심리적 위축감은 노후 생활에 적지 않은 위협을 가할 것이다. 재정적인 대비와 함께 정신적인 준비가 필요하다. 재정 부분은 검소한 삶으로 대처하고 정신적인 부분은 독서 생활을 권한다.

의학에서 많은 솔루션을 제공하지만 독서를 통한 자기 주체성을 잘 키워 보존하는 것이 중요하다. 사물이나 사건을 보는 다양한 방법, 인간관계의 기술, 여러 감정을 대처하는 방법, 생로병사에 대한 이해 등등 독서를 통해 얻을 수 있는 것들이 많다.

재무 철학

세금을 줄여 준다고 하지만 서민 대부분의 연간 세금은 많지 않다. 이자 비과세 혜택이 서민들의 이익과 거리가 먼 것처럼 말이다. 가정의 재정자립은 정책이 아니라 자신의 생활 변화로 가능하다.

60대 젊은이

정말 바쁘다. 이 나라에서 60대가 가장 바쁘다. 퇴직을 했거나 은퇴를 했고, 국민연금이 나오고, 자녀들은 독립했고, 퇴직으로 만들어진 자금도 있고, 무엇보다 에너지가 왕성하다. 환갑이 지났지만 생각과 신체적으로 40~50대의 왕성함이 남아 있다.

모임과 동호회 그리고 여행 일정으로 눈코 뜰 새가 없다. 시간과 돈과 체력! 이 세 가지가 손발이 착착 맞다. 나라 경제가 60대로 인해 돌아간다고 볼 수 있다. 아니 세계 경제가 그 연령층의 움직임으로 앞으로 나아간다고 해도 지나치지 않을지도 모른다.

근데 이 나이에 엉뚱하게도 '은퇴는 없다' 라는 삶의 준칙을 되뇌는 내가 있다. 워커 홀릭을 경계하면서도 자신을 일에서 희열을 느끼는 브레이크 없는 운전자로 만들었다. 사람이 다 같을 수는 없다며 나를 엄호한다.

일에서 한참 떨어진 베트남의 낯선 바닷가를 따라 달리면서 이런 기회가 또 있기를 간절히 바라는 내 모습도 보았다. 일과 삶의 조화는 정답이 없는 영원한 숙제다. 휴식 없는 일만큼이나 일이 없는 휴식 역시 무료하기 짝이 없을 것이다.

습한 기온이 떨어질 기미가 보이지 않는다. 나이가 들수록 땀이 싫다. 그럴수록 땀을 흘려야 한다고 배웠다. 놀고 싶고 여행 가고 싶다. 그래도 일을 하지 않는 나를 생각해 본 적이 없다. 일이 있기에 쉼도 더 달콤할 것이다. 주저하지 말고 가자.

재무 철학

돈은 대충 주먹구구식으로 관리하는 사람보다 성의를 다해 계산하고 기록하는 사람에게 흐른다. 수입을 늘리는 궁리보다 수입의 범위 내에서 어떻게 지출할지 예산을 세우자.

에필로그

지난 25년 동안 나를 이끌었던 5가지 준칙(discipline)이다.

1. 닭 울기 전에 일어나 하루를 시작한다
2. 하루 한 번 땀을 흘린다
3. 백 살을 살 것처럼 산다
4. 밥그릇을 남에게 맡기지 않는다
5. 은퇴는 없다

강산이 두 번이나 바뀔 세월 동안 매일같이 나를 인도했다. 때로는 나침반이 되어 갈지자로 비틀대는 걸음을 다잡게 했고, 나 홀로 서 있다는 경각심을 죽비처럼 일깨워 물러설 수 없는 나를 응원했다.

어느덧 황혼의 그림자가 번득거리는 나이에 이르렀다. 해어진 옷을 보듯 이미 체화體化된 준칙을 대신하여 이전과 전혀 다른 노년의 삶을 인도할 새 준칙이 필요했다.

1. 먹고 입고 말하기를 단순하게 한다
2. 매사 집중하고 자족한다
3. 누구든 무엇이든 비난하지 않는다
4. 쓰레기를 만들지 않도록 애쓴다
5. 열렬한 학구적 태도를 유지한다

특별할 것이 없는 문장이지만 자주 읽고 쓰고 외울 때는 삶이 달라진다는 경험이다. 하루하루가 다르다는 노년의 세찬 강물을 세월 탓하지 않고 의지를 지렛대 삼아 건너가려는 것이다.

긴 겨울이 가고 어느덧 봄이 왔다. 계절이 바뀐다는 생각보다 도도하게 흐르는 세월의 물줄기를 보는 듯하다. 세월은 하루하루가 쌓인 것이다. 하루를 단단히 사는 것이 삶의 해법이다.

조금씩 가는 삶
멀리 가는 삶

초판 1쇄 발행 | 2025년 6월 10일

지은이 | 남경우

펴낸이 | 신중현
펴낸곳 | 도서출판 학이사
       출판등록 : 제25100-2005-28호
       주소 : 대구광역시 달서구 문화회관11안길 22-1(장동)
       전화 : (053) 554~3431, 3432
       팩스 : (053) 554~3433
       홈페이지 : http : // www.학이사.kr
       이메일 : hes3431@naver.com

ⓒ 2025, 남경우

이 책은 저작권법에 따라 보호받는 저작물이므로 무단복제를 금합니다.
내용의 전부 또는 일부를 이용하려면 반드시 저작권자와 학이사의 서면
동의를 받아야 합니다.

ISBN 979-11-5854-571-0   03190